Klausura.de

Erfolgreich und unabhängiger lernen...

Fachwirt Kompakt

für

Geprüfte Fachwirte IHK

Zusammenfassung & 113 Aufgaben mit Lösungen

Recht & Steuern

Michael Fischer, Thomas Weber

Bibliografische Information der Deutschen Nationalbibliothek: Die Deutsche Nationalbibliothek verzeichnet diese Publikation in der Deutschen Nationalbibliografie; detail-
lierte bibliografische Daten sind im Internet über http://dnb.dnb.de abrufbar.

Verlag: BoD · Books on Demand GmbH, Überseering 33 22297 Hamburg

bod@bod.de

Druck: Libri Plureos GmbH, Friedensallee 273, 22763 Hamburg

ISBN: 978-3-7693-1698-8

Vorwort

Dieses Buch wurde von erfahrenen Dozenten zusammengestellt, die über viele Jahre Erfahrung in der Ausbildung und Prüfungsvorbereitung zum „Geprüften Fachwirt IHK" verfügen. Die vorliegende Zusammenfassung und die, an Klausuren angelehnten Aufgaben werden von den Dozenten auch in ihren Unterrichtseinheiten verwendet und bilden somit eine fundamentale Grundlage für Ihre persönliche Prüfungsvorbereitung.

Anhand des Rahmenstoffplans des DIHK werden die einzelnen Kapitel nach Schwerpunkten zusammengefasst und mit zahlreichen Aufgaben ergänzt.

Selbstverständlich können nicht alle Inhalte des Unterrichtsfaches abgedeckt werden, dies ist auch nicht Sinn und Zweck dieses Buches. Es soll Ihnen helfen sich kompakt mit den Schwerpunkten des jeweiligen Faches auseinanderzusetzen und durch das Lösen der Aufgaben an Sicherheit zu gewinnen.

Für den Wirtschaftsbezogenen Teil der Prüfung finden Sie in der „Klausura-Reihe" unter www.klausura.de weitere Zusammenfassungen und Aufgaben zu folgenden Fächern:

- ✓ Volks und Betriebswirtschaft
- ✓ Rechnungswesen
- ✓ Recht und Steuern
- ✓ Unternehmensführung

Die Inhalte werden mit größtmöglicher Sorgfalt erstellt. Der Anbieter übernimmt jedoch keine Gewähr für die Richtigkeit, Vollständigkeit und Aktualität der bereitgestellten Inhalte.

Aus Gründen der Lesbarkeit wurde im Text die männliche Form gewählt, nichtsdestoweniger beziehen sich die Angaben auf Angehörige aller Geschlechter.

Die Inhalte und die Gliederung richten sich nach dem entsprechenden, aktuellen IHK-Rahmenplan.

Quelle: "IHK Die Weiterbildung" "Rahmenplan mit Lernzielen" DIHK-Verlag.

Inhaltsverzeichnis

Recht & Steuern

3.1 Rechtliche Zusammenhänge

3.1.1 BGB Allgemeiner Teil

Rechtssubjekte / Rechtsobjekte

Rechtssubjekte

Rechtssubjekte sind alle natürlichen und juristische Personen. Es sind Träger von gesetzlichen Rechten und Pflichten, sogenannte Rechtsträger.

- Natürliche Personen § 1 ff. BGB
- Juristische Personen

  - Durch die Rechtsordnung als selbstständige Rechtsträger anerkannte Personenvereinigungen oder Vermögensmassen.
  - Vereine, Stiftungen, AG, GmbH, usw.

Rechtsobjekte

- Ist jedes Gut, auf das sich die rechtliche Herrschaftsmacht eines Rechtssubjekts erstrecken kann
  - Sachen § 90 BGB
    - Bewegliche Sachen
    - Unbewegliche Sachen
    - Tiere § 90a BGB
    - Vertretbare Sachen § 91 BGB
    - Unvertretbare Sachen
    - Verbrauchbare Sachen § 92 GBG
  - Immaterialgüter (geistige Schöpfungen) UrhG, PatG

Bestandteile einer Sache

Rechtsgrundlagen:

Ist eine Sache trennbar, ohne dass wirtschaftliche Verluste eintreten, handelt es sich rechtlich um einfache Bestandteile, andernfalls um wesentliche Bestandteile.

§ 93 BGB Wesentliche Bestandteile einer Sache

§ 94 BGB Wesentliche Bestandteile eines Grundstückes oder Gebäudes

§ 95 BGB Bestandteile nur zum vorübergehenden Zweck (Baugerüst)

§ 97 BGB Zubehör

Rechtsfähigkeit

Rechtsgrundlagen:

Die Rechtsfähigkeit ist ein Merkmal einer natürlichen Person. Nach § 1 BGB beginnt sie mit der Vollendung der Geburt. Die Rechtsfähigkeit ist unabhängig von Staatsangehörigkeit, Geschlecht oder Herkunft.

Bei juristischen Personen beginnt die Rechtsfähigkeit nach Eintrag in entsprechende Register.

Geschäftsfähigkeit

Die Fähigkeit Rechtsgeschäfte abzuschließen, setzt voraus, dass die betreffende Person rechtsverbindliche Willenserklärungen abgeben kann.

Für die Geschäftsfähigkeit ist ein gewisses Maß an Einsicht der Rechtsfolgen Voraussetzung.

Rechtsgrundlagen:

§ 2 BGB Geschäftsfähig ist man mit Vollendung des 18. Lebensjahres

§ 106 BGB Minderjährige, die das siebte Lebensjahr vollendet haben, sind beschränkt geschäftsfähig

- § 107 BGB Einwilligung gesetzlicher Vertreter
- § 108 - § 113 BGB weitere Regelungen bei Minderjährigen.
- § 104 BGB Geschäftsunfähigkeit

Willenserklärung

Als Willenserklärung wird eine Willensäußerung verstanden, die darauf zielt, dass ein bestimmter rechtlicher Erfolg eintreten soll.

Die Willenserklärung kann einerseits ausdrücklich oder stillschweigend (durch schlüssiges Handeln) abgegeben werden.

Rechtsgrundlagen:

§ 105 Nichtigkeit der Willenserklärung (Bewusstlosigkeit oder vorübergehender Störung der Geistestätigkeit)

§ 126 Schriftform

§ 127 Vereinbarte Form

§ 128 Notarielle Beurkundung

§ 129 BGB öffentliche Beglaubigung

§ 623 Schriftform der Kündigung von Arbeitsverhältnissen

Rechtsgeschäfte

Empfangsbedürftige Willenserklärung

- Vertrag kommt erst zustande, wenn die Willenserklärung von dem Geschäftspartner empfangen wurde.
    - Kündigung
    - Rücktrittserklärung
    - Mahnung, usw.

Nicht empfangsbedürftige Willenserklärung

- Das Rechtsgeschäft ist gültig, ab der Äußerung der Willenserklärung. Es ist egal, ob der andere sie schon wahrgenommen hat.
    - Testament
    - Aufgabe des Eigentums
    - Auslobung, usw.

Einseitig verpflichtende Rechtsgeschäfte

- Schenkungsvertrag
- Bürgschaftsvertrag, usw.

Mehrseitig verpflichtende Rechtsgeschäfte

- Kaufvertrag
- Leihvertrag
- Mietvertrag
- Darlehensvertrag

- Arbeitsvertrag, usw.

3.1.2 Schuldrecht BGB
Schuldverhältnisse

Rechtsgrundlagen:

§ 241 Pflichten aus dem Schuldverhältnis

§ 145 Bindung an den Antrag

§ 146 Erlöschen des Antrags
- · § 147 Annahmefrist
- · § 149 Verspätet zugegangene Annahmeerklärung

§ 150 Verspätete und abändernde Annahme

Treu und Glaube

Treu und Glaube ist ein Rechtsgrundsatz, nach dem ein Vertragspartner auf die berechtigten Interessen der anderen Rücksicht nehmen muss und er seine Rechte redlich ausübt.

Rechtsgrundlagen:

§ 157 Auslegung von Verträgen

§ 242 Leistung nach Treu und Glauben

Nichtigkeit von Verträgen

Verträge können durch folgende Mängel nichtig werden:
- Mängel im Inhalt
  - · § 134 Gesetzliches Verbot
  - · § 138 Sittenwidriges Rechtsgeschäft; Wucher

- Mängel im rechtgeschäftlichen Willen
  - · § 105 Nichtigkeit der Willenserklärung
  - · § 117 Scheingeschäft
  - · § 118 Mangel der Ernstlichkeit
  - · § 125 Nichtigkeit wegen Formmangels

Anfechtung von Verträgen

Rechtsgeschäfte können durch Anfechtung auch mit rückwirkender Kraft nichtig werden.

Rechtsgrundlagen:

§ 142 Wirkung der Anfechtung

§ 143 Anfechtungserklärung

§ 119 Anfechtbarkeit wegen Irrtums

§ 120 Anfechtbarkeit wegen falscher Übermittlung

§ 123 Anfechtbarkeit wegen Täuschung oder Drohung

§ 121 Anfechtungsfrist

Verjährung

Verjährung ist der Verlust der Durchsetzbarkeit von Ansprüchen, die innerhalb einer gesetzlichen Frist nicht geltend gemacht worden sind.

Verjährungsfristen:

§ 199 BGB Beginn der regelmäßigen Verjährungsfrist und Verjährungshöchstfristen

§ 548 BGB die Verjährungsfrist bei Schadensersatzansprüchen aus Miete oder Leihe

§ 439 HGB die Verjährungsfrist bei Fracht- und Speditionskosten

§ 438 BGB die Verjährungsfrist bei kauf- und werkvertraglichen Mängelansprüchen

§ 195 BGB die regelmäßige Verjährungsfrist für alle Ansprüche des täglichen Lebens

§ 438 BGB die Verjährungsfrist bei Bauwerken

§ 196 BGB die Verjährungsfrist für Übertragung des Eigentums an einem Grundstück

§ 197 BGB die Verjährungsfrist für familien- und erbrechtliche Ansprüche und Insolvenzverfahren

Verjährungsfristen können sich durch sogenannte „Hemmung der Verjährung" verlängern

Hemmung der Verjährung

§ 203 Hemmung der Verjährung bei Verhandlungen

§ 204 Hemmung der Verjährung durch Rechtsverfolgung

§ 205 Hemmung der Verjährung bei Leistungsverweigerungsrecht

§ 206 Hemmung der Verjährung bei höherer Gewalt

§ 207 Hemmung der Verjährung aus familiären und ähnlichen Gründen

§ 212 Neubeginn der Verjährung

Gerichtsstand und Gerichtsbarkeit

Der Gerichtsstand definiert die „örtliche Zuständigkeit" von Gerichten.

Rechtsgrundlagen:

§ 12 ZPO Allgemeiner Gerichtsstand

§ 13 ZPO Allgemeiner Gerichtsstand des Wohnsitzes

§ 15 ZPO Allgemeiner Gerichtsstand für exterritoriale Deutsche

§ 16 ZPO Allgemeiner Gerichtsstand wohnsitzloser Personen

§ 17 ZPO Allgemeiner Gerichtsstand juristischer Personen

§ 18 ZPO Allgemeiner Gerichtsstand des Fiskus

§ 19a ZPO Allgemeiner Gerichtsstand des Insolvenzverwalters

Besondere Gerichtsstände:

§ 20 ZPO Besonderer Gerichtsstand des Aufenthaltsorts

§ 21 ZPO Besonderer Gerichtsstand der Niederlassung

§ 22 ZPO Besonderer Gerichtsstand der Mitgliedschaft

§ 27 ZPO Besonderer Gerichtsstand der Erbschaft

§ 29 ZPO Besonderer Gerichtsstand des Erfüllungsorts

§ 29a ZPO Ausschließlicher Gerichtsstand bei Miet- oder Pachträumen

Gerichtsbarkeit

Gerichtsbarkeit bezeichnet die Gesamtheit der staatlichen Gerichte, die der Rechtsprechung oder der sonstigen Rechtspflege dienen.

Unterschieden werden:

- Ordentliche Gerichtsbarkeit
  - Ziviljustiz
  - Strafjustiz
- Arbeitsgerichtsbarkeit
  - Arbeitsgericht (Streitklärung zwischen Arbeitgeber und Arbeitnehmer)
- Verwaltungsgerichtsbarkeit
  - Verwaltungsgericht (Streitklärung zwischen Bürgern und staatlichen Behörden)
- Finanzgerichtsbarkeit
  - Finanzgericht (Streitigkeiten zwischen Bürgern und dem Finanzamt)
- Sozialgerichtsbarkeit
  - Sozialgericht (Streitigkeiten zwischen Bürger und Staat)

Produkthaftung

Die Produkthaftung bezeichnet die Haftung auf Schadensersatz gegen einen Hersteller für Schäden, die beim Endabnehmer infolge eines fehlerhaften Produkts entstanden sind.

Rechtsgrundlagen:
BGB ProdHaftG

§ 439 Nacherfüllung

§ 440 Rücktritt und Schadensersatz

§ 441 Minderung

§ 284 Ersatz vergeblicher Aufwendungen

§ 823 Schadensersatzpflicht

§ 1 Haftung

§ 3 Fehler

§ 4 Hersteller

§ 5 Mehrere Ersatzpflichtige

§ 6 Haftungsminderung

§ 9 Schadensersatz durch Geldrente

§ 14 Unabdingbarkeit

Kaufvertrag

In einem Kaufvertrag verpflichtet sich der „Verkäufer" dem „Käufer" eine Ware oder ein Recht zu verschaffen und ihm daran das Eigentum zu übertragen. Der „Käufer" verpflichtet sich hingegen den vereinbarten Kaufpreis zu zahlen und den Kaufgegenstand abzunehmen.

Rechtsgrundlagen:

§ 157 BGB Auslegung von Verträgen

§ 433 BGB Vertragstypische Pflichten beim Kaufvertrag

§ 269 BGB Leistungsort

§ 271 BGB Leistungszeit

§ 448 BGB Kosten der Übergabe und vergleichbare Kosten

§ 449 BGB Eigentumsvorbehalt

§ 437 BGB Rechte des Käufers bei Mängeln

- · § 438 BGB Verjährung der Mängelansprüche
- · § 439 BGB Nacherfüllung
- · § 440 BGB Rücktritt und Schadensersatz
- · § 441 BGB Minderung

Handelsware:

§ 346 HGB Geltende Gewohnheiten und Gebräuche im Handelsverkehr

§ 377 HGB Untersuchung der gelieferten Sachen bei beidseitigen Handelsgeschäften

§ 379 HGB Aufbewahrung mangelhafter Sachen

AGB als Vertragsbestandteil

Allgemeine Geschäftsbedingungen sind alle für eine Vielzahl von Verträgen vorformulierte Vertragsbedingungen, die eine Vertragspartei der anderen Vertragspartei bei Abschluss eines Vertrags stellt.

Rechtsgrundlagen:

§ 305 BGB Einbeziehung Allgemeiner Geschäftsbedingungen in den Vertrag

§ 305a BGB Einbeziehung in besonderen Fällen

§ 305b BGB Vorrang der Individualabrede

§ 305c BGB Überraschende und mehrdeutige Klauseln

§ 307 BGB Inhaltskontrolle

§ 308 BGB Klauselverbote mit Wertungsmöglichkeit

§ 309 BGB Klauselverbote ohne Wertungsmöglichkeit

Verbrauchsgüter / Gebrauchsgüter

Verbrauchsgüter

Sind Güter, die nur einmalig genutzt werden können, wie Produkte, die durch den Konsumenten vernichtet und anschließend nicht wiederverwendet werden oder Dienstleistungen.

Gebrauchsgüter

Die Unterscheidung zu Verbrauchsgütern liegt in der Nutzungsdauer. Gebrauchsgüter werden mehrfach und dauerhaft genutzt.

Beweislastumkehr

477 BGB: Zeigt sich innerhalb von sechs Monaten seit Gefahrübergang ein Sachmangel, so wird vermutet, dass die Sache bereits bei Gefahrübergang mangelhaft war, es sei denn, diese Vermutung ist mit der Art der Sache oder des Mangels unvereinbar.

Rechtsgrundlagen:

§ 478 BGB Sonderbestimmungen für den Rückgriff des Unternehmers

§ 479 BGB Sonderbestimmungen für Garantien

Miet- und Pachtvertrag

Bei einem Mietvertrag bekommt der Mieter das Recht zur Gebrauchsgewährung einer Immobilie, einer Wohnung oder eines sonstigen abgeschlossenen Raums.

Bei einem Pachtvertrag bekommt der Pächter zusätzlich zur Gebrauchsgewährung das Recht zum „Genuss der Früchte", soweit sie nach den Regeln einer ordnungsgemäßen Wirtschaft als Ertrag anzusehen sind. Im Gegensatz zum Mieter darf der Pächter wirtschaftliche Erträge und Nutzungen aus der Pachtsache behalten und verwerten.

Rechtsgrundlagen:

Mietvertrag

§ 535 BGB Inhalt und Hauptpflichten des Mietvertrags

§ 536 BGB Mietminderung bei Sach- und Rechtsmängeln

§ 550 BGB Form des Mietvertrags

§ 557 BGB Mieterhöhungen nach Vereinbarung oder Gesetz

§ 558 BGB Mieterhöhung bis zur ortsüblichen Vergleichsmiete

§ 542 BGB Ende des Mietverhältnisses

Pachtvertrag

§ 581 BGB Vertragstypische Pflichten beim Pachtvertrag

§ 584 BGB Kündigungsfrist

Weitere Vertragsarten

Wichtige Rechtsgrundlagen:

Darlehensvertrag

§ 488 BGB Vertragstypische Pflichten beim Darlehensvertrag

§ 489 BGB Ordentliches Kündigungsrecht des Darlehensnehmers

§ 490 BGB Außerordentliches Kündigungsrecht

Verbraucherdarlehensvertrag

> § 491 BGB Verbraucherdarlehensvertrag
>
> § 491a BGB Vorvertragliche Informationspflichten bei Verbraucher-darlehensverträgen
>
> § 492 BGB Schriftform, Vertragsinhalt

Sachdarlehensvertrag

> § 607 BGB Vertragstypische Pflichten beim Sachdarlehensvertrag

Dienstvertrag

> § 611 BGB Vertragstypische Pflichten beim Dienstvertrag
>
> § 611a BGB Arbeitsvertrag
>
> § 612 BGB Vergütung
>
> § 620 BGB Beendigung des Dienstverhältnisses
>
> § 621 BGB Kündigungsfristen be Dienstverhältnissen
>
> § 622 BGB Kündigungsfristen be Arbeitsverhältnissen
>
> § 630 BGB Pflicht zur Zeugniserteilung

Werkvertrag

> § 631 BGB Vertragstypische Pflichten beim Werkvertrag
>
> § 632 BGB Vergütung
>
> § 633 BGB Sach- und Rechtsmangel
>
> § 644 BGB Gefahrtragung
>
> § 645 BGB Verantwortlichkeit des Bestellers
>
> § 647 BGB Unternehmerpfandrecht
>
> § 648 BGB Kündigungsrecht des Bestellers

Ratenkauf und Leasing

Ratenkauf ist nach § 507 BGB ein Teilzahlungsgeschäft, wobei eine Teilzahlungsvereinbarung mit mindestens zwei Ratenzahlungen getroffen wird. Käufer wird Eigentümer der Sache.

Inhalte des Vertrages:

- Teilzahlungspreis
- Barzahlungspreis

- Fälligkeit der Teilzahlungen
- effektiver Jahreszins
- Kosten von notwendigen Versicherungen
- Vereinbarungen zum Eigentumsvorbehalt

Rechtsgrundlagen:

§ 508 BGB Rücktritt bei Teilzahlungsgeschäften

§ 491a BGB Vorvertragliche Informationspflichten bei Verbraucherdarlehensverträgen

Leasing regelt ein vertragliches Verhältnis zwischen Leasing-Geber und Leasing-Nehmer. Der Leasing-Geber bleibt Eigentümer der Sache und der Leasing-Nehmer wird Besitzer der Sache. Leasinggegenstände unterteilen sich:

Equipment-Leasing = einzelnes bewegliches Gut

Plant-Leasing = Gesamtheit beweglicher und unbeweglicher Sachen

Konsumgüter-Leasing **=** Leasing von Privatpersonen

Investitionsgüter-Leasing = Anlagevermögen, Maschinen...

Den Leasinggeber trifft die Pflicht, dem Leasingnehmer Gebrauch und Nutzung des Leasingguts für eine bestimmte Dauer zu ermöglichen. Der Leasingnehmer muss die vereinbarten Raten zahlen.

Direktes Leasing:

Der Hersteller einer Sache tritt selbst als Leasinggeber auf und trägt somit auch das Investitionsrisiko.

Indirektes Leasing:

Der Hersteller ist nicht Leasinggeber, sondern eine dritte Leasinggesellschaft. Dabei erwirbt der Leasinggeber das Objekt vom Hersteller und vermietet es an den Leasingnehmer weiter.

Leasingzeiträume

Operate-Leasing

Hat den Charakter kurzer Laufzeit und dient dem Leasingnehmer zur kurzfristigen Erweiterung seiner Kapazitäten

Financial-Leasing

Ist eher langfristiger Natur und dient dem Leasingnehmer zur langfristigen Erweiterung seiner Kapazitäten.

Vertragsablauf:

ohne Optionsrecht - es bestehen keine Vereinbarungen über Vertragsverlängerung oder Kauf

mit Kaufoption- Leasingnehmer kann Leasingsache nach Ablauf der Grundmietzeit erwerben

mit Verlängerungsoption- Leasingnehmer kann Vertrag nach Ablauf der Grundmietzeit (i.d.R.) zu günstigeren Konditionen verlängern.

Fernabsatzgeschäft

Bei einem Fernabsatzgeschäft handelt es sich gem. § 312c BGB um einen Verbrauchervertrag über die Lieferung von Waren oder (Finanz-)Dienstleistungen, welcher ausschließlich unter Zuhilfenahme von Fernkommunikationsmitteln zustande kommt.

Rechtsgrundlagen:

§ 312b BGB Außerhalb von Geschäftsräumen geschlossene Verträge

§ 312c BGB Fernabsatzverträge

§ 312d BGB Informationspflichten

§ 312e BGB Verletzung von Informationspflichten über Kosten

§ 312g BGB Widerrufsrecht

§ 356 BGB Widerrufsrecht bei außerhalb von Geschäftsräumen geschlossenen Verträgen und Fernabsatzverträgen

Elektronischer Geschäftsverkehr

Elektronischer Geschäftsverkehr liegt vor, wenn sich ein Unternehmer zum Zwecke des Abschlusses eines Vertrags über die Lieferung von Waren oder über die Erbringung von Dienstleistungen der Telemedien bedient.

Rechtsgrundlagen:

§ 312i BGB Allgemeine Pflichten im elektronischen Geschäftsverkehr

§ 312j BGB Besondere Pflichten im elektronischen Geschäftsverkehr gegenüber Verbrauchern

§ 312k BGB Abweichende Vereinbarungen und Beweislast

Art 246 § 3 EGBG Erleichterte Informationspflichten bei begrenzter Darstellungsmöglichkeit

Leistungsstörungen

Begrifflichkeiten

Rechtsgrundlagen:

§ 269 BGB Leistungsort

§ 270 BGB Zahlungsort

§ 271 BGB Leistungszeit

Holschuld:

Leistungsort ist bei dem Schuldner, der Gläubiger ist verpflichtet die Sache bei dem Schuldner abzuholen.

Bringschuld:

Leistungsort ist bei dem Gläubiger, der Schuldner ist verpflichtet die Sache zu dem Ort des Gläubigers zu bringen.

Schickschuld

Von einer Schickschuld spricht man, wenn der Schuldner, also derjenige, der die Leistung zu erbringen hat nach dem Vertrag verpflichtet ist die Leistung an den Gläubiger zu schicken oder zu senden. Ein Beispiel ist der Kauf über den Versandhandel.

Stückschuld:

Bei einer Stückschuld wird ein bestimmter Gegenstand geschuldet, dieser ist auf Grund von individuellen Merkmalen bestimmbar. Es kommt den Parteien darauf an, dass gerade der konkrete Gegenstand geleistet wird.

Gattungsschuld §243 BGB

Bei einer Gattungsschuld §243 BGB wird die Leistung nur nach allgemeinen Merkmalen bestimmt. Bei Gattungsschulden trägt der Schuldner das Beschaffungsrisiko.

Unmöglichkeit der Leistung

Der Anspruch auf Leistung ist ausgeschlossen, soweit diese für den Schuldner oder für jedermann unmöglich ist.

Rechtsgrundlagen:

§ 275 BGB Ausschluss der Leistungspflicht §§ 280, 283 bis 285, 311a und 326.

§ 276 BGB Verantwortlichkeit des Schuldners

Ansprüche der Käufer:

§ 280 BGB Schadensersatz wegen Pflichtverletzung

§ 283 BGB Schadensersatz statt der Leistung bei Ausschluss der Leistungspflicht

§ 285 BGB Herausgabe des Ersatzes

§ 311a BGB Leistungshindernis bei Vertragsschluss

§ 326 BGB Befreiung von der Gegenleistung und Rücktritt beim Ausschluss der Leistungspflicht

Beispiele für Unmöglichkeiten:

- nachträgliche Unmöglichkeit
- rechtliche Unmöglichkeit
- Teilunmöglichkeit
- praktische Unmöglichkeit
- persönliche Unmöglichkeit

Unmöglichkeit bei Stück- und Gattungsschuld

- Objektive und subjektive Unmöglichkeit

Verzug

Erfolgt die Leistung des Schuldners nicht zum Zeitpunkt der Fälligkeit spricht man von Verzug.

Unterschieden wird in den Lieferverzug und den Zahlungsverzug.

Rechtsgrundlagen:

§ 286 BGB Verzug des Schuldners

§ 288 BGB Verzugszinsen und sonstiger Verzugsschaden

§ 292 BGB Haftung bei Herausgabepflicht

§ 293 BGB Annahmeverzug

§ 294 BGB Tatsächliches Angebot

§ 373 HGB Einlagerung der Ware durch den Käufer

§ 374 HGB Befugnisse des Verkäufers

3.1.3 Sachenrecht BGB

Eigentum

Der Eigentümer einer Sache kann mit der Sache nach Belieben verfahren und andere von jeder Einwirkung ausschließen.

Rechtsgrundlagen:

§ 929 BGB Einigung und Übergabe

§ 873 BGB Erwerb durch Einigung und Eintragung (Eigentumsübertragung von Grundstücken)

§ 932 BGB Gutgläubiger Erwerb vom Nichtberechtigten

§ 933 BGB Gutgläubiger Erwerb bei Besitzkonstitut

§ 934 BGB Gutgläubiger Erwerb bei Abtretung des Herausgabeanspruchs

§ 935 BGB Kein gutgläubiger Erwerb von abhanden gekommenen Sachen

§ 936 BGB Erlöschen von Rechten Dritter

Besitz

Der Besitz einer Sache wird durch die Erlangung der tatsächlichen Gewalt über die Sache erworben. Die Einigung des bisherigen Besitzers und des Erwerbers genügt zum Erwerb, wenn der Erwerber in der Lage ist, die Gewalt über die Sache auszuüben.

Rechtsgrundlagen

§ 854 BGB Erwerb des Besitzes

§ 868 BGB Mittelbarer Besitz

§ 869 BGB Ansprüche des mittelbaren Besitzers

§ 872 BGB Eigenbesitz

3.1.4 Finanzierungssicherheiten

Bürgschaft

Die Bürgschaft ist ein Vertrag, durch den sich ein Bürge verpflichtet für die Verbindlichkeiten eines Dritten gegenüber dessen Gläubiger einzustehen.

Rechtsgrundlagen:

§ 765 BGB Vertragstypische Pflichten bei der Bürgschaft

§ 766 Schriftform der Bürgschaftserklärung

§ 768 Einreden des Bürgen

§ 769 Mitbürgschaft

Arten einer Bürgschaft

Gewöhnliche Bürgschaft: Hier muss der Bürge erst an den Gläubiger zahlen, wenn der Gläubiger eine erfolglose Zwangsvollstreckung auf das Vermögen des Hauptschuldners veranlasst hat.

Selbstschuldnerische Bürgschaft: Hier hat der Bürge an den Gläubiger zu zahlen, wenn der Schuldner seinen Zahlungsverpflichtungen nicht mehr nachkommt. Eine vorherige erfolglose Zwangsvollstreckung ist nicht notwendig.

Bürgschaftsmodelle

- Mitbürgschaft: Mehrere Bürgen haften für die Gesamtschuld.
- Nachbürgschaft: Haften, wenn Hauptbürgen nicht zahlen können.
- Rückbürgschaft: Haftet gegenüber dem Hauptbürgen, wenn dieser aus seiner Bürgschaft heraus Zahlungen leisten musste.

Garantien

Die Garantie ist ein einseitig verpflichtender Vertrag, durch den sich ein Dritter verpflichtet für einen bestimmten Erfolg einzustehen und insbesondere den Schaden zu übernehmen, der sich aus einem bestimmten unternehmerischen Handeln ergeben kann. Die Garantie ist gesetzlich nicht geregelt und unterliegt keinen Formvorschriften.

Formen der Garantie:

Anzahlungsgarantie:

Durch sie wird einem Besteller, der eine Anzahlung auf eine Lieferung geleistet hat, die Sicherheit gegeben, dass er bei Nichterfüllung des Vertrages durch den Lieferanten seine Anzahlung zurückerhält.

Bietungsgarantie:

Dient zur Abdeckung einer Vertragsstrafe bei Zurückziehung oder Änderung des Angebots während der Ausschreibungsphase bzw. der Nichtannahme nach Zuschlagserteilung durch den Auftragnehmer.

Gewährleistungsgarantie:

Sichert gegen finanzielle Nachteile für den Fall ab, dass der Auftraggeber der Garantie seinen vertraglich vereinbarten Gewährleistungspflichten nicht nachkommt.

Eigentumsvorbehalt

Der Eigentumsvorbehalt bedeutet, dass der Eigentumsübergang einer Ware vom Verkäufer zum Käufer erst dann entsteht, wenn die vollständige Bezahlung der Ware erfolgt ist.

Rechtsgrundlagen:

§ 449 BGB Eigentumsvorbehalt

§ 949 BGB Erlöschen von Rechten Dritter

§ 950 BGB Verarbeitung

Aussetzen der Wirkung des Eigentumsvorbehaltes, wenn:

- Ware weiterverarbeitet wurde
- Ware ein wesentlicher Bestandteil eines Grundstückes wird
- gutgläubig von einem Dritten erworben wurde

Pfandrecht an beweglichen Sachen

Voraussetzungen:

- Es muss eine Forderung vorliegen auf die sich das Pfandrecht bezieht.
- Es muss eine Einigung vorliegen, dass das Pfandrecht dem Gläubiger zusteht.
- Die Pfandsache muss abgetreten werden, Eigentümer bleibt der Schuldner und der Besitz geht auf den Gläubiger über.

Rechtsgrundlagen:

§§ 1204 -1208 BGB Gesetzlicher Inhalt des Pfandrechts an beweglichen Sachen

§ 1220 BGB Androhung der Versteigerung

§ 1228 BGB Befriedigung durch Pfandverkauf

§ 1234 BGB Verkaufsandrohung; Wartefrist

§ 1244 BGB Gutgläubiger Erwerb

Sicherheitsübereignung

§ 930 BGB Besitzkonstitut

Sicherheitsabtretung

§ 398 BGB Abtretung

§ 399 BGB Ausschluss der Abtretung bei Inhaltsänderung oder Vereinbarung

§ 400 BGB Ausschluss bei unpfändbaren Forderungen

§ 407 BGB Rechtshandlungen gegenüber dem bisherigen Gläubiger

Grundpfandrecht

§§ 1113 – 1190 BGB Gesetzlicher Inhalt der Hypothek

§ 1196 BGB Eigentümergrundschuld

3.1.5.1 Insolvenzrecht

Grundlagen Insolvenzrecht

Gründe für die Eröffnung eines Insolvenzverfahrens nach § 17 InsO:

- akute Zahlungsunfähigkeit des Schuldners
- drohende Zahlungsunfähigkeit des Schuldners
- Überschuldung bei einer juristischen Person

Rechtsgrundlagen:

§ 35 InsO Begriff der Insolvenzmasse

§ 36 InsO Unpfändbare Gegenstände

§ 37 InsO Gesamtgut bei Gütergemeinschaft

§ 38 InsO Begriff der Insolvenzgläubiger

Durchbrechung der gleichmäßigen Verteilung

Aussonderungsberechtigter Gläubiger

Die Aussonderung wird vorgenommen, wenn Vermögensgegenstände, die nicht dem Schuldner gehören wieder aus der Insolvenzmasse herausgezogen werden, da sie nicht Teil der Insolvenzmasse werden können.

Das Aussonderungsrecht steht nur dem eigentlichen Eigentümer einer Sache zu.

Absonderungsberechtigter Gläubiger

Hier werden aufgrund von Hypotheken, Grundschuldeinträgen oder Pfandrechten Gegenstände von der eigentlichen Insolvenzmasse abgesondert. Diese werden dann verwertet und die gesicherten Forderungen der Gläubiger beglichen. Der verbleibende Resterlös aus der Verwertung geht in die Insolvenzmasse ein.

Rechtsgrundlagen:

§ 47 InsO Aussonderung

§ 49 InsO Abgesonderte Befriedigung aus unbeweglichen Gegenständen

§ 94 InsO Erhaltung einer Aufrechnungslage

§ 96 InsO Unzulässigkeit der Aufrechnung

§ 53 InsO Massegläubiger

§ 55 InsO Sonstige Masseverbindlichkeiten

§ 56 InsO Bestellung des Insolvenzverwalters

Insolvenz-Großverfahren

Gilt als Regelinsolvenzverfahren für juristische Personen.

Phasen:

1. Insolvenzantrag
2. Prüfen des Antrags
3. Eröffnung des Insolvenzverfahrens
4. Einberufung Gläubigerversammlung
5. Einsetzen eines Gläubigerausschusses
6. Verfahrensabwicklung
7. Bericht des Insolvenzverwalters
8. Verteilung der Insolvenzmasse, falls vorhanden
9. Beschluss der Aufhebung des Insolvenzverfahrens

Rechtsgrundlagen:

§ 147 InsO Rechtshandlungen nach Verfahrenseröffnung

§ 148 InsO Übernahme der Insolvenzmasse

§ 149 InsO Wertgegenstände

§ 159 InsO Verwertung der Insolvenzmasse

§ 160 InsO Besonders bedeutsame Rechtshandlungen

§ 170 InsO Verteilung des Erlöses

§ 218 InsO Vorlage des Insolvenzplans

§ 219 InsO Gliederung des Plans

§ 229 InsO Vermögensübersicht, Ergebnis- und Finanzplan

Insolvenz-Kleinverfahren

Im Insolvenz-Kleinverfahren ist der Schuldner eine natürliche Person. Das sogenannte Verbraucherinsolvenzverfahren ist auch nutzbar, wenn der Schuldner eine wirtschaftliche Tätigkeit ausübt sofern die Vermögensverhältnisse überschaubar sind und keine Forderungen aus Arbeitsverhältnissen bestehen.

Rechtsgrundlagen:

§ 304 InsO Grundsatz Verbraucherinsolvenzverfahren

§ 305 InsO Eröffnungsantrag des Schuldners

§ 306 InsO Ruhen des Verfahrens

§ 308 InsO Annahme des Schuldenbereinigungsplans

§ 311 InsO Aufnahme des Verfahrens über den Eröffnungsantrag

Restschuldbefreiung:

§ 286 InsO Grundsatz

§ 290 InsO Versagung der Restschuldbefreiung

§ 295 InsO Obliegenheiten des Schuldners

§ 300 InsO Entscheidung über die Restschuldbefreiung

§ 315 InsO Örtliche Zuständigkeit

3.1.5 Handelsgesetzbuch

Der Kaufmann

Rechte und Pflichten eines Kaufmanns:

Recht auf:

- Führung einer Firma
- Ernennung von Prokuristen
- mündliche Erteilung einer Bürgschaftserklärung

Plicht zur:

- Eintragung im Handelsregister
- Buchführung
- unverzüglichen Untersuchungs- und Rügepflicht

Arten

- Ist-Kaufmann nach § 1 HGB
- Form Kaufmann nach § 6 HGB
- Kann Kaufmann nach § 2 HGB
- Schein Kaufmann nach § 5 HGB

Die Firma

Nach §17 HGB ist die Firma eines Kaufmanns der Name, unter dem der Kaufmann im Handel sein Geschäft betreibt.

Firmengrundsätze nach §§ 18 – 37 HGB

- Wahrheit
- Klarheit
- Beständigkeit
- Ausschließlichkeit

Arten von Firmen

Personenfirma, Sachfirma, Fantasiefirma, Gemischte Firma

Prokurist

Das Erlangen von Prokura geht nach § 53 HGB nur über die Ernennung durch den Kaufmann und die Eintragung des Prokuristen im Handelsregister.

Arten von Prokura nach §48 HGB

- Einzelprokura: Zur Ausübung der Vertretung allein berechtigt; unterschriftsberechtigt.
- Gesamtprokura: Zwei oder mehrere Prokuristen dürfen Vertretung nur gemeinsam ausüben.
- Filialprokura: Prokura ist auf die Vertretungsvollmacht auf einzelne Filiale des Unternehmens beschränkt.

Es ist einem Prokuristen nach § 49 HGB erlaubt:

- Handlungsvollmachten zu erteilen
- Prozesse für die Firma zu führen
- Betriebsdarlehen aufzunehmen
- Betriebsgrundstücke zu erwerben

Es ist einem Prokuristen nach § 49 HGB untersagt:

- Grundstücke der Firma zu belasten oder zu verkaufen
- Rechtshandlungen vorzunehmen, die ausschließlich ein Kaufmann vornehmen darf
- Privatgeschäfte für den Kaufmann abzuschließen
- einen weiteren Prokuristen zu ernennen

Weitere Rechtsgrundlagen:

§ 50 HGB Beschränkung von Prokura

§ 51 HGB Zeichnung des Prokuristen

§§ 52 -53 Erlöschen der Prokura

Handlungsbevollmächtigter

Der Handlungsbevollmächtigte bedarf einer Erteilung durch den Geschäftsinhaber oder einen seiner Vertreter (Prokurist).

Es bedarf im Gegensatz zum Prokuristen keine Eintragung der Handlungsvollmacht im Handelsregister. Er darf keine Belastung oder Veräußerung von Grundstücken, Wechselverbindlichkeiten, Darlehen oder Prozessführung durchführen.

Er ist berechtigt zur Erledigung einzelner oder der Art nach bestimmten Geschäften und Rechtshandlungen, die ein derartiges Handelsgewerbe gewöhnlich mit sich bringt.

Rechtsgrundlagen:

§ 54 HGB

selbständige Hilfspersonen

Handelsvertreter

Die Vertragsgrundlage zwischen Unternehmer und Handelsvertreter ist nach § 84 HGB der Dienstvertrag, dessen Inhalt die Besorgung von Geschäften zum Gegenstand hat.

§§ 86-87 HGB Rechte und Pflichten des Handelsvertreters

Handelsmakler

Im Gegensatz zum Handelsvertreter übernimmt nach § 93 HGB der Handelsmakler gewerbsmäßig die Vermittlung von Verträgen für andere Personen. Er wird nicht vom Unternehmer mit der Vermittlung betraut.

§§ 94-100 HGB Rechte und Pflichten des Handelsmaklers

Kommissionär

Er übernimmt nach §383 HGB gewerbsmäßig die Aufgaben Ware oder Wertpapiere auf Rechnung eines anderen im eigenen Namen zu kaufen und zu verkaufen.

§§ 384-400 Rechte und Pflichten des Kommissionärs

Handelsregister

Das Handelsregister wird nach §8 HGB zum Zweck der Erhöhung der Rechtssicherheit geführt. Durch die Veröffentlichung des Handelsregisters kann jedes Dokument zu Informationszwecken einsehen.

Rechtsgrundlagen:

§ 12 HGB Anmeldungen zur Eintragung und Einreichungen

Einzutragende Inhalte im Handelsregister für Einzelunternehmen und Personengesellschaften:

- Firma und Sitz der Gesellschaft
- Gegenstand des Unternehmens
- Name der Geschäftsinhaber
- Namen der persönlich haftenden Gesellschafter
- Namen der Prokuristen
- die Rechtsform der Firma

§ 15 HGB bekannt gemachte Tatsachen

3.1.6 Arbeitsrecht

Kollektives und individuelles Arbeitsrecht

Im individuellen Arbeitsrecht wird die Einzelbeziehung zwischen AN und AG geregelt und findet im Arbeitsverhältnis Anwendung.

Das kollektive Arbeitsrecht hingegen bezieht sich nicht auf einzelne Arbeitnehmer, sondern wird als Recht zwischen Sozialpartnern im Gesamten angesehen. Gewerkschaften und andere Arbeitsverbände, die die Interessen der Arbeitnehmer vertreten, stehen hier den Arbeitgebern gegenüber.

Arbeitsvertragsrecht

Rechtsgrundlagen für Arbeitsvertragsrecht:
* Betriebsverfassungsgesetz
* Tarifverträge
* Arbeitszeitgesetz
* Bundesurlaubsgesetz
* Betriebsvereinbarungen
* Jugendarbeitsschutzgesetz
* Entgeltfortzahlungsgesetz
* AGG
* Kündigungsschutzgesetz

Anbahnung des Arbeitsverhältnisses

§ 92 BetrVG Personalplanung

§ 93 BetrVG Ausschreibung von Arbeitsplätzen

Fragestellung an Bewerber

Zulässige Fragen müssen in einem erkennbaren Zusammenhang mit dem angestrebten Job stehen und zur Beurteilung der Arbeitsfähigkeit und der Eignung des Bewerbers dienen.

Unzulässig Fragen sind in der Regel alle Fragen, die den Privatbereich oder gar die Intimsphäre eines Bewerbers berühren.

Abschluss von Arbeitsverträgen

§ 95 BetrVG Auswahlrichtlinien

§ 99 BetrVG Mitbestimmung bei personellen Einzelmaßnahmen

Arbeitsvertrag

Arbeitsvertrag kann formlos geschlossen werden, sofern Tarifverträge, Gesetze oder Betriebsvereinbarungen nicht die Schriftform vorschreiben.

Schriftform bei:

- Berufsausbildungsverträgen nach §4 BBiG
- befristeten Arbeitsverträgen nach §14 TzBfG
- Wettbewerbsverboten

Arten von Arbeitsverträgen

- Unbefristeter Arbeitsvertrag
- Befristeter Arbeitsvertrag
  - o ohne Sachgrund
  - o mit Sachgrund

Besondere Arten

- Probearbeitsverhältnis
- Aushilfsarbeitsverhältnis
- Teilzeitarbeitsverhältnis nach §2 BeschFG

Zeitmodelle in Teilzeitarbeitsverhältnissen:

- Gleitende Arbeitszeit, Jahresarbeitszeit
- kapazitätsorientierte variable Arbeitszeit nach § 12 TzBfG
- Jobsharing nach § 13 TzBfG

Inhalte des Arbeitsvertrages:

- Arbeitgeber und Arbeitnehmer
- Beginn und Dauer des Arbeitsverhältnisses
- Probezeit
- Art der Tätigkeit

- Arbeitsort
- Arbeitszeit
- Überstunden
- Gehalt
- Sonderzahlungen
- Krankheit
- Urlaub
- Nebentätigkeit
- Wettbewerbsverbot
- Kündigungsfristen
- Rückzahlung von Aus- und Fortbildungskosten
- Ausschlussfristen

Mängel in Arbeitsverträgen:

- Verstoß gegen gesetzliche Verbote
- Willensmängel
- Unmöglichkeiten
- Mängel im Inhalt

Rechtsgrundlagen:

§ BGB 134 Gesetzliches Verbot

§ 133 BGB Auslegung einer Willenserklärung

§ 138 BGB Sittenwidriges Rechtsgeschäft; Wucher

Ansprüche

Anspruch auf Vergütung ohne Leistung haben Arbeitnehmer zum Beispiel bei:

- Krankheit § 3 Abs. 1 EntgeltFZG
- Erholungsurlaub § 1,3,4 BurlG
- Feiertage § 2 EntgeltFZG
- Annahmeverzug der Leistung § 615 BGB

Urlaubsanspruch

Nach § 3 BUrlG, steht dem Arbeitnehmer ein Mindesturlaub von 24 Werktagen pro Jahr zu. Dies kann nur zugunsten des Arbeitnehmers geändert werden.

Kündigungsfristen

Kündigungsfristen

Nach § 622 (1) BGB besteht eine 4wöchige Kündigungsfrist zum Monatsende oder zum 15. des Monats.

Nach § 622 (2) BGB-Fristen für Kündigungen abhängig von der Betriebszughörigkeit

-   zwei Jahre Betriebszughörigkeit, einen Monat zum Ende eines Kalendermonats,
-   fünf Jahre Betriebszughörigkeit, zwei Monate zum Ende eines Kalendermonats,
-   acht Jahre Betriebszughörigkeit, drei Monate zum Ende eines Kalendermonats,
-   zehn Jahre Betriebszughörigkeit, vier Monate zum Ende eines Kalendermonats,
-   zwölf Jahre Betriebszughörigkeit, fünf Monate zum Ende eines Kalendermonats,
-   15 Jahre Betriebszughörigkeit, sechs Monate zum Ende eines Kalendermonats,
-   20 Jahre Betriebszughörigkeit, sieben Monate zum Ende eines Kalendermonats.

Fristlose Kündigung

Eine fristlose Kündigung kann nach § 626 BGB aus wichtigem Grund erfolgen.

Nach § 626 (2) BGB muss die Kündigung allerdings innerhalb von zwei Wochen nach dem Vorfall erfolgen, da sonst die Kündigung unwirksam wird.

Schwerbehinderte

Nach § 71 SGB IX muss ein Unternehmen, in dem jährlich mind. 20 Arbeitsplätze bestehen, auf mindestens 5 % der Stellen Schwerbehinderte beschäftigen.

Wird vom Unternehmen diese Quote nicht eingehalten, verlangt der Gesetzgeber eine Ausgleichsabgabe.

Betriebsrat

Zustandekommen:

Nach §1 BetrVG kann in Betrieben von mindestens 5 ständig wahlberechtigten Arbeitnehmern, von denen 3 wählbar sind ein Betriebsrat gewählt werden.

Wahlberechtigte:

Nach § 7 BetrVG sind alle Arbeitnehmer des Betriebes, die das 18 Lebensjahr vollendet haben, wahlberechtigt. Dies gilt auch für Leiharbeitnehmer, wenn sie länger als 3 Monate im Betrieb tätig sind.

Wählbar als Betriebsrat:

Nach §8 BetrVG sind alle Wahlberechtigten des Betriebes wählbar, wenn sie dem Betrieb bereits sechs Monate angehören.

Aufgaben des Betriebsrates

- Überwachung von Gesetzen und Verordnungen
- Durchsetzung der Gleichstellung aller Arbeitnehmer nach AGG
- Förderung und Sicherung der Beschäftigung
- Förderung von Maßnahmen des Arbeits- und Umweltschutzes

Mitwirkungsrechte des Betriebsrates

Rechtsgrundlagen:

§ 81 BetrVG Informationsrecht

§ 92 BetrVG Vorschlagsrecht

§ 80 BetrVG Antragsrecht

§ 87 BetrVG Mitbestimmungsrecht

§ 90 BetrVG Beratungsrecht

§ 102 BetrVG Anhörungsrecht

Betriebsvereinbarungen

Betriebsvereinbarungen werden zwischen Betriebsrat und dem Arbeitgeber geschlossen. Diese Vereinbarungen bedürfen der Schriftform.

Rechtsgrundlagen:

§ 77 BetrVG: Durchführung gemeinsamer Beschlüsse, Betriebsvereinbarungen

§ 87 BetrVG: Mitbestimmungsrechte durch den Betriebsrat

§ 88 BetrVG: Freiwillige Betriebsvereinbarungen (Inhalte)

§ 76 BetrVG: Einigungsstelle

3.1.6.1 Arbeitsrechtliche Schutzbestimmungen
Arbeitsschutzgesetz

Gesetz über die Durchführung von Maßnahmen des Arbeitsschutzes zur Verbesserung der Sicherheit und des Gesundheitsschutzes der Beschäftigten bei der Arbeit.

- Die Arbeit ist so zu gestalten, dass eine Gefährdung für das Leben sowie die physische und die psychische Gesundheit möglichst vermieden und die verbleibende Gefährdung möglichst geringgehalten werden;
- Gefahren sind an ihrer Quelle zu bekämpfen;
- bei den Maßnahmen sind der Stand von Technik, Arbeitsmedizin und Hygiene sowie sonstige gesicherte arbeitswissenschaftliche Erkenntnisse zu berücksichtigen;
- Maßnahmen sind mit dem Ziel zu planen Technik, Arbeitsorganisation, sonstige Arbeitsbedingungen, soziale Beziehungen und Einfluss der Umwelt auf den Arbeitsplatz sachgerecht zu verknüpfen;
- individuelle Schutzmaßnahmen sind nachrangig zu anderen Maßnahmen;
- spezielle Gefahren für besonders schutzbedürftige Beschäftigtengruppen sind zu berücksichtigen;
- den Beschäftigten sind geeignete Anweisungen zu erteilen;
- mittelbar oder unmittelbar geschlechtsspezifisch wirkende Regelungen sind nur zulässig, wenn dies aus biologischen Gründen zwingend geboten ist.

Rechtsgrundlagen:

§ 3 ArbSchG Grundpflichten des Arbeitgebers

§ 4 ArbSchG Allgemeine Grundsätze

§ 5 ArbSchG Beurteilung der Arbeitsbedingungen

§ 12 ArbSchG Unterweisung

§ 13 ArbSchG Verantwortliche Personen

§ 15 ArbSchG Pflichten der Beschäftigten

§ 16 ArbSchG Besondere Unterstützungspflichten

§ 17 ArbSchG Rechte der Beschäftigten

Arbeitsstättenverordnung

Die Arbeitsstättenverordnung dient der Sicherheit und dem Schutz der Gesundheit der Beschäftigten beim Einrichten und Betreiben von Arbeitsstätten.

Rechtsgrundlagen:

§ 3 ArbStättV Gefährdungsbeurteilung

§ 4 Besondere Anforderungen an das Betreiben von Arbeitsstätten

§ 5 Nichtraucherschutz

§ 6 Unterweisung der Beschäftigten

Arbeitssicherheitsgesetz

Arbeitgeber haben nach Maßgabe dieses Gesetzes Betriebsärzte und Fachkräfte für Arbeitssicherheit zu bestellen. Diese sollen ihn beim Arbeitsschutz und bei der Unfallverhütung unterstützen.

Ziele:

- Anwendung der dem Arbeitsschutz und der Unfallverhütung dienenden Vorschriften
- Anwendung gesicherter arbeitsmedizinischer und sicherheitstechnischer Erkenntnisse zur Verbesserung des Arbeitsschutzes und der Unfallverhütung
- Erzielung eines hohen Wirkungsgrades von Maßnehmen die dem Arbeitsschutz und der Unfallverhütung dienen

Rechtsgrundlagen:

§ 3 ASiG Aufgaben der Betriebsärzte

§ 4 ASiG Anforderungen an Betriebsärzte

§ 6 ASiG Aufgaben der Fachkräfte für Arbeitssicherheit

§ 11 ASiG Arbeitsschutzausschuss

Unfallverhütungsvorschriften

Die Unfallversicherungsträger können nach § 15 SGB VII unter Mitwirkung der Deutschen Gesetzlichen Unfallversicherung e. V. als autonomes Recht Unfallverhütungsvorschriften über Maßnahmen zur Verhütung von Arbeitsunfällen, Berufskrankheiten und arbeitsbedingten Gesundheitsgefahren oder für eine wirksame Erste Hilfe erlassen, soweit dies zur Prävention geeignet und erforderlich ist und staatliche Arbeitsschutzvorschriften hierüber keine Regelung treffen, in diesem Rahmen können Unfallverhütungsvorschriften erlassen werden.

Arbeitszeitgesetz

Wichtige gesetzliche Regelungen:

§ 3 ArbZG Arbeitszeit der Arbeitnehmer

§ 4 ArbZG Ruhepausen

§ 5 ArbZG Ruhezeit

§ 6 ArbZG Nacht- und Schichtarbeit

§ 7 ArbZG Abweichende Regelungen

§ 9 ArbZG Sonn- und Feiertagsruhe

§ 10 ArbZG Sonn- und Feiertagsbeschäftigung

§ 11 ArbZG Ausgleich für Sonn- und Feiertagsbeschäftigung

§ 12 ArbZG Abweichende Regelungen

Entgeltfortzahlungsgesetz

Wichtige gesetzliche Regelungen:

§ 2 EFZG Entgeltzahlung an Feiertagen

§ 3 EFZG Anspruch auf Entgeltfortzahlung im Krankheitsfall

§ 5 EFZG Anzeige- und Nachweispflichten

§ 11 EFZG Feiertagsbezahlung, der in Heimarbeit Beschäftigten

Jugendarbeitsschutzgesetz

Das Jugendarbeitsschutzgesetz gilt für die Beschäftigten, die das 18. Lebensjahr noch nicht vollendet haben.

Wichtige gesetzliche Regelungen:

- § 5 JArbSchG Verbot der Beschäftigung von Kindern
- § 6 JArbSchG Behördliche Ausnahmen für Veranstaltungen
- § 8 JArbSchG Dauer der Arbeitszeit
- § 23 JArbSchG Akkordarbeit, tempoabhängige Arbeiten
- § 24 JArbSchG Arbeiten unter Tage
- § 11 JArbSchG Ruhepausen, Aufenthaltsräume
- § 12 JArbSchG Schichtzeit
- § 13 JArbSchG Tägliche Freizeit
- § 19 JArbSchG Urlaub

Mutterschutzgesetz

Das Mutterschutzgesetz schützt die Gesundheit der Frau und ihres Kindes am Arbeits-, Ausbildungs- und Studienplatz während der Schwangerschaft, nach der Entbindung und in der Stillzeit.

Es ermöglicht der Frau, ihre Beschäftigung oder sonstige Tätigkeit in dieser Zeit ohne Gefährdung ihrer Gesundheit oder der ihres Kindes fortzusetzen und wirkt Benachteiligungen während der Schwangerschaft, nach der Entbindung und in der Stillzeit entgegen.

Wichtige gesetzliche Regelungen:

- § 3 MuSchG Schutzfristen vor und nach der Entbindung
- § 4 MuSchG Verbot der Mehrarbeit; Ruhezeit
- § 5 MuSchG Verbot der Nachtarbeit
- § 6 MuSchG Verbot der Sonn- und Feiertagsarbeit
- § 7 MuSchG Freistellung für Untersuchungen und zum Stillen
- § 9 MuSchG Gestaltung der Arbeitsbedingungen; unverantwortbare Gefährdung
- § 11 MuSchG Unzulässige Tätigkeiten und Arbeitsbedingungen für schwangere Frauen

3.1.7 Grundsätze des Wettbewerbsrechts
Unlauterer Wettbewerb

Beispiele für unlauteren Wettbewerb:

- Wenn Waren, Kennzeichen oder Dienstleistungen eines Wettbewerbers verunglimpft werden.
- Behaupten von unwahren oder schädigenden Tatsachen über Waren, Kennzeichen oder Dienstleistungen eines Mitbewerbers.
- Angebote von Ware und Dienstleistungen, die von einem Mittbewerber nachgebildet werden.

Rechtsgrundlagen:

§ 5 Irreführende geschäftliche Handlungen

§ 6 Vergleichende Werbung

§ 7 Unzumutbare Belästigungen

§ 8 Beseitigung und Unterlassung

§ 9 Schadensersatz

§ 10 Gewinnabschöpfung

Gesetz gegen Wettbewerbsbeschränkung

Vereinbarungen zwischen Unternehmen, Beschlüsse von Unternehmensvereinigungen und aufeinander abgestimmte Verhaltensweisen, die eine Verhinderung, Einschränkung oder Verfälschung des Wettbewerbs bezwecken oder bewirken, sind verboten.

Rechtsgrundlagen:

§ 3 GWB Mittelstandskartelle

§ 18 GWB Marktbeherrschung

§ 19 GWB Verbotenes Verhalten von marktbeherrschenden Unternehmen

§ 32 GWB Abstellung und nachträgliche Feststellung von Zuwiderhandlungen

§ 35 GWB Geltungsbereich der Zusammenschlusskontrolle

§ 37 GWB Zusammenschluss

§ 39 GWB Anmelde- und Anzeigepflicht

Rechtsfolgen:

§ 33 GWB Beseitigungs- und Unterlassungsanspruch

§ 34 GWB Vorteilsabschöpfung durch die Kartellbehörde

§ 41 GWB Vollzugsverbot, Entflechtung

Monopolkommission

§ 45 GWB Mitglieder

3.1.9 Gewerberecht

Gewerbeordnung

Die Gewerbeordnung umfasst Vorschriften zu folgenden Gewerbearten: Stehendes Gewerbe, Reisegewerbe und Marktgewerbe, Vorschriften für Arbeitnehmer bezüglich der Arbeitsverträge, Weisungsrechte, Arbeitsentgelte, Wettbewerbsverbote usw. Des Weiteren enthält die Gewerbeordnung noch Straf- und Bußgeldbestimmungen.

Gewerbearten:

- stehendes Gewerbe
- Reisegewerbe
- Marktgewerbe

Rechtsgrundlagen:

§ 14 GWO Anzeigepflicht; Verordnungsermächtigung

§ 38 GWO Überwachungsbedürftige Gewerbe

§ 55 GWO Reisegewerbekarte

§ 56 GWO im Reisegewerbe verbotene Tätigkeiten

§ 57 GWO Versagung der Reisegewerbekarte

§§ 64-69 GWO Regelungen zum Marktgewerbe

Sonderreglungen

Sonderreglungen, die das GWO ergänzen, sind die Handwerksordnung HWO und das Ladenschutzgesetz das die Ladenöffnungszeiten regelt.

Auch das Güterkraftverkehrsgesetz und das Personenbeförderungsgesetz gehören zu den Ergänzungen.

Wichtige gesetzliche Regelungen:

§§ 18 HWO: Zulassungsfreie Handwerke und handwerksähnliche Gewerbe

§§ 45 HWO: Meisterprüfung in einem zulassungspflichtigen Handwerk

§ 3 Ladenschlussgesetz: Allgemeine Ladenschlusszeiten

§§ 12-14 Ladenschlussgesetz: Verkauf an Sonntagen

§§ 17-19 Ladenschlussgesetz: Arbeitszeit an Sonn- und Feiertagen

3.2 Steuerrecht

Steuern

Steuern sind ausschließlich geldliche Leistungen, die von öffentlich-rechtlichen Gemeinwesen erhoben werden und allen Steuerbürgern auferlegt werden.

Ziele der Steuererhebung:

- Erzielen von Einnahmen zur Deckung des öffentlichen Finanzbedarfs
- die Umverteilung von Einkommen und Vermögen
- die Stärkung des Wettbewerbs und die Förderung der Konjunktur
- Energieeinsparung und Verbesserung des Umweltschutzes

weiteren Arten von Abgaben:

- Gebühren
- Sonderabgaben
- Steuerliche Nebenleistungen, wie Verspätungs- oder Säumniszuschläge

Direkte Steuer

Der Steuerschuldner ist gleichzeitig der Steuerträger und somit ist die Steuer unmittelbar beim Steuerschuldner zu erheben.

Beispiele: Einkommenssteuer, Erbschaftssteuer, KFZ-Steuer

Indirekten Steuer

Hier ist der Steuerschuldner nicht gleichzeitig der Steuerträger. Die Steuer wird hier auf einen Dritten abgewälzt und nicht vom Steuerträger an die Finanzbehörden abgeführt.

Beispiele: Umsatzsteuer, Tabaksteuer

Steuerschuld

Die Steuerschuld ist die durch Gesetze begründete Pflicht zur Steuerzahlung. Aus dieser Pflicht ergibt sich auch die Buchführungs-, Mitwirkungs-, und Erklärungspflicht.

Steuerliche Buchführungspflicht

Die originäre Buchführungspflicht (§238 HGB) ist die allgemeine Pflicht für Kaufleute regelmäßige Abschlüsse, aufgrund jährlicher Bestandsaufnahmen, zu erstellen.

Die derivative Buchführungspflicht nach § 140 AO ist eine Ergänzung zur originären Buchführungspflicht und besagt, dass auch Steuerpflichtige, die keine Kaufleute im Sinne des HGB darstellen zur Buchführung verpflichtet sind.

3.2.1 Unternehmensbezogene Steuern

Einkommensteuer

Merkmale:

- Die Einkommenssteuer umfasst das Einkommen einer natürlichen Person.
- Die Steuer wird direkt an die Finanzbehörde abgeführt.
- Der Abrechnungszeitraum der Einkommenssteuer ist ein Kalenderjahr.
- Sie knüpft an die Leistungsfähigkeit einer natürlichen Person an.

Rechtsgrundlagen:

§ 1 EStG Steuerpflicht

§ 8 AO Wohnsitz

§ 9 AO Gewöhnlicher Aufenthalt

§ 8 EStG Einnahmen

§ 9 Werbungskosten

§ 10 Sonderausgaben

Einkommensteuertarif

Der Einkommensteuertarif ist der in Prozent angegebene Steuersatz zur Berechnung der Einkommensteuer.

Lohnsteuerklassen

Steuerklasse I: ledige Arbeitnehmer

Steuerklasse II: alleinerziehende Arbeitnehmer (kein weiteres Familienmitglied über 18 Jahren)

Steuerklasse III: verheiratete Arbeitnehmer, nicht dauernd getrennt lebend

Steuerklasse IV: verheiratete Arbeitnehmer, die beide annähernd gleich verdienen

Steuerklasse V: verheiratete Arbeitnehmer, bei dem ein Partner Steuerklasse III beantragt hat

Steuerklasse VI: Arbeitnehmer, die von mehreren Arbeitgebern Arbeitslohn beziehen

Körperschaftssteuer

Nach § 1 KStG sind Kapitalgesellschaften, wie eine GmbH oder eine AG, sonstige juristische Personen des privaten Rechts. Ebenso sind eingetragene Vereine und Betriebe gewerblicher Art der öffentlichen Hand wie Kammern und Innungen auch juristische Personen des privaten Rechts. Sie sind alle körperschaftssteuerpflichtig.

Rechtsgrundlagen:

§ 2 KStG Beschränkte Steuerpflicht

4 KStG Betriebe gewerblicher Art von juristischen Personen des öffentlichen Rechts

§ 7 KStG Grundlagen der Besteuerung

§ 8 KStG Ermittlung des Einkommens

§ 9 KStG Abziehbare Aufwendungen

§ 10 KStG Nichtabziehbare Aufwendungen

§§ 5-6 KStG Befreiung

§ 23 KStG Steuersatz

Gewerbesteuer

Ermittlung:

Gewinn
+Hinzurechnungen
Kürzungen
= maßgebender Gewerbeertrag vor Rundungen
Gewerbeverlustabzug
=verbleibender Gewerbeertrag (Abrundung auf volle 100€)
Freibetrag von 24.000 € für natürliche Personen
= steuerpflichtiger Gewerbeertrag
* Steuermesszahl 3,5 %
= Steuermessbetrag
* Hebesatz der Gemeinde
 = Gewerbesteuer

Rechtsgrundlagen:

§ 2 GewStG Steuergegenstand

§ 5 GewStG Steuerschuldner

§ 8 GewStG Hinzurechnungen

§ 10 GewStG Maßgebender Gewerbeertrag

§ 11 GewStG Steuermesszahl und Steuermessbetrag

§ 16 GewStG Hebesatz

§ 9 GewStG Kürzungen

§§ 28 – 31 GewStG Zerlegung

Kapitalertragssteuer

Die Kapitalertragsteuer ist keine eigene Steuer, sondern eine Erhebungs-
form der Einkommensteuer.

Rechtsgrundlagen:

§ 20 EStG Einkünfte aus Kapitalvermögen

§ 43 EStG Kapitalerträge mit Steuerabzug

Umsatzsteuer

Die Umsatzsteuer bezieht sich nach dem UStG auf steuerbare Umsätze
und stellt eine Verkehrssteuer dar. Der Unternehmer stellt die Umsatzsteuer dem Kunden in Rechnung und kann sie als Vorsteuer abziehen.
Die Differenz der vom Kunden gezahlten Umsatzsteuer und der Vorsteuervorauszahlung ergibt die eigentliche Umsatzsteuerzahllast des Unternehmers.

Rechtsgrundlagen:

Umsatzsteuer-Durchführungsverordnung (UStDV)

§ 1 UStG Steuerbare Umsätze

§ 3 UStG Lieferungen, sonstige Leistungen

§ 4 UStG Steuerbefreiungen bei Lieferungen und sonstigen Leistungen

§§ 10 -11 UStG Bemessungsgrundlagen

§ 12 UStG Steuersätze

§ 13 UStG Entstehung der Steuer

§ 14 UStG Ausstellung von Rechnungen

§ 15 UStG Vorsteuerabzug

§ 19 UStG Besteuerung der Kleinunternehmer

§ 24 UStG Durchschnittssätze für Land- und Forstwirtschaftliche Betriebe

Grundsteuer

Die Grundsteuer ist eine Objektsteuer für Grundstücke. Die steuerliche Belastung ist unabhängig von den persönlichen Verhältnissen des Eigentümers.

Sie wird von den Städten und Gemeinden erhoben, in denen sich das Grundstück befindet.

Die Höhe der Grundsteuern richtet sich nach dem sogenannten Einheitswert des Grundbesitzes, der vom Finanzamt festgestellt wird. Als Bewertungsgrundsatz gilt dabei der Verkehrswert.

Rechtsgrundlagen:

§§ 13 – 24 GrStG Bemessung der Grundsteuer

Bewertungsgesetz:

§ 83 BEW Grundstückswert

§ 125 BEW Land- und forstwirtschaftliches Vermögen

§ 132 BEW Fortschreibung und Nachfeststellung der Einheitswerte 1935

§ 133 BEW Sondervorschrift für die Anwendung der Einheitswerte 1935

Grunderwerbssteuer

Nach § 1 GrEStG gilt als Voraussetzung der Grunderwerbssteuerbarkeit, dass sich das Grundstück im Inland befindet, ein Erwerbsvorgang vorliegt und ein Rechtsträgerwechsel vollzogen wird.

Rechtsgrundlagen:

§ 1 GrEStG Erwerbsvorgänge

§ 3 GrEStG Allgemeine Ausnahmen von der Besteuerung

§§ 8-10 GrEStG Bemessungsgrundlagen

Erbschaftssteuer

Erbschaftsteuer besteuert den Übergang von Vermögenswerten durch Erbfall auf den Erben, durch Schenkung unter Lebenden oder durch Zweckzuwendungen.

Rechtsgrundlagen:

§ 1 ErbStG Steuerpflichtige Vorgänge

§ 5 ErbStG Zugewinngemeinschaft

§ 13 ErbStG Steuerbefreiungen

§ 15 ErbStG Steuerklassen

§ 16 ErbStG Freibeträge

§ 83 BEW Grundstückswert

§ 19 ErbStG Steuersätze

Abgabenordnung

Die Abgabenordnung regelt die Rechte und Pflichten von Steuerzahlern. Sie wird auf alle Steuern und Steuervergünstigungen angewandt.

Rechtsgrundlagen:

§ 3 AO Steuern, steuerliche Nebenleistungen

§ 85 AO Besteuerungsgrundsätze

§ 89 AO Beratung, Auskunft

§§ 149 -152 AO Steuererklärungen

§ 240 AO Säumniszuschläge

§§ 233-239 AO Verzinsung

§ 347 AO Statthaftigkeit des Einspruchs

Zuständigkeiten

§ 19 AO Steuern vom Einkommen und Vermögen natürlicher Personen

§ 20 AO Steuern vom Einkommen und Vermögen der Körperschaften, Personenvereinigungen, Vermögensmassen

§ 21 AO Umsatzsteuer

Durchführung

§§ 127-139 AO Anzeigepflichten

§§ 140-148 AO Buchführungspflichten

§§ 149- 153 AO Steuererklärungen

§§ 155-192 AO Steuerfestsetzung

Außenprüfung

§ 193 Zulässigkeit einer Außenprüfung

§ 196 Prüfungsanordnung

§ 199 Prüfungsgrundsätze

§ 200 Mitwirkungspflichten des Steuerpflichtigen

Aufgaben mit Lösungen!

Aufgabe 1   *Rechtssubjekte*

Das BGB unterscheidet zwei Rechtssubjekte.

a)   Erklären Sie den Unterschied zwischen „Natürlichen Personen" und „Juristischen Personen".

b)   Nennen Sie jeweils 3 Beispiele für eine Juristische Person des Privatrechts und des öffentlichen Rechts.

Aufgabe 2   *Rechtsobjekte*

Das Bürgerliche Gesetzbuch beschreibt eine Reihe von unterschiedlichen Rechtsobjekten.

a)   Beschreiben Sie, was unter den folgenden Rechtsobjekten zu verstehen ist.

- Bewegliche Sachen
- Unbewegliche Sachen
- Vertretbare Sachen
- Unvertretbare Sachen

b)   Sachen können verschiedene Bestandteile aufweisen. Beschreiben Sie den Unterschied zwischen „wesentlichen Bestandteilen" und „einfachen Bestandteilen" einer Sache.

Aufgabe 3   *Rechtsfähigkeit*

Erklären Sie, wann eine Rechtsfähigkeit bei einer natürlichen Person und einer juristischen Person vorhanden ist.

Aufgabe 4   *Geschäftsfähigkeit*

Definieren Sie die Begriffe Geschäftsfähigkeit und Deliktfähigkeit.

Aufgabe 5   *Geschäftsfähigkeit*

Nach §105 BGB sind Willenserklärungen geschäftsunfähiger Personen nichtig.

a)   Wann gilt eine Person als geschäftsunfähig?

b)   Was versteht man unter einer „Beschränkt geschäftsfähige Person"?

Aufgabe 6   *Willenserklärung*

Was versteht man in Rechtsgeschäften unter der sogenannten Willenserklärung?

Aufgabe 7   *Willenserklärung*

Bei der formlosen Willenserklärung können eine „ausdrückliche" und eine „schlüssige" Willenserklärung vorliegen.

a)   Unterscheiden Sie die beiden Formen der Willenserklärung.

Neben den formlosen bestehen auch formgebundene Willenserklärungen.

b)   Nennen Sie jeweils ein Beispiel für

-   Schriftform

-   Textform

-   notarielle Beurkundung

-   öffentliche Beglaubigung

Aufgabe 8   *Rechtsgeschäfte*

Herr Müller ist seit vielen Jahren in einem Unternehmen tätig, aufgrund eines besseren Arbeitsangebotes möchte Herr Müller sein bestehendes Arbeitsverhältnis kündigen und schreibt seinem Arbeitnehmer die fristgerechte Kündigung.

a)   Erläutern Sie, welches Rechtsgeschäft vorliegt.

b)   Herr Müller ist sich nicht sicher, ob er die Kündigung per E-Mail verfassen kann. Beschreiben Sie die gesetzliche Grundlage.

Aufgabe 9   *Rechtsgeschäfte*

Frau Meier kauft sich in einem Geschäft einer kleinen Gartentisch der sehr gut zu ihren Gartenstühlen passen würde.

a)   Erläutern Sie, welches Rechtsgeschäft vorliegt.

b)   Welches Rechtsgeschäft wäre vorhanden, wenn sie den Gartentisch von einem Bekannten geschenkt bekommen hätte?

Aufgabe 10   *Schuldverhältnis*

Welche Rechte und Pflichten sind nach §241 BGB bei einem Schuldverhältnis gegeben?

Aufgabe 11   *Schuldverhältnis*

Frau Hermin kauft beim Fachgeschäft einen neuen Stabmixer. Sie bezahlt den Preis direkt in bar und nimmt den Stabmixer mit.

a)   Welche drei eigenständigen Rechtsgeschäfte liegen vor?

b)   Welche Hauptverpflichtungen ergeben sich aus dem Abschluss des Kaufvertrages für Käufer und Verkäufer?

c)   Nennen Sie 5 weitere Arten von Schuldverhältnissen.

Aufgabe 12   *Treu und Glaube*

Welche Inhalte stehen hinter dem Grundsatz „Leistung nach Treu und Glaube"?

Aufgabe 13   *Nichtigkeit von Verträgen*

Herr Klausen bekommt Besuch von seinem Freund Herrn Malter und möchte sein Fahrrad abholen das ihm Herr Klausen gestern Abend auf einer Feier geschenkt hatte. Herr Klausen ist überrascht, da er sich an die Schenkung nicht erinnern kann. Herr Klausen war zu diesem Zeitpunkt ordentlich betrunken und kann sich neben der Schenkung auch an andere Details nicht mehr erinnern. Er schickt den verärgerten Freund Malter wieder weg.

a)   Schildern Sie die Rechtslage. Und erläutern Sie ob Herr Klausen das Fahrrad Herrn Malter übergeben muss.

b)   Welche Arten von Mängeln können einen Vertrag nichtig machen?

Aufgabe 14   *Anfechtung von Verträgen*

Der Kunsthändler Herr Möbius verkauft dem Kunstsammlerin Frau Sommer eine recht imposante Bronzestatue zu einem genauso imposanten Preis. Herr Möbius verspricht Frau Sommer, dass diese Statue von einem sehr bekannten Künstler stamme, obwohl es keine Nachweise über die Echtheit gibt. Frau Sommer kauft schon viele Jahre bei Herrn Möbius und vertraut dem Händler. Nachdem Sie die Statue stolz Ihren Bekannten zeigt, stellt sich heraus, dass diese Statue ein billiges Massenprodukt aus Fernost ist.

Frau Sommer ist außer sich und will den Kaufvertrag anfechten.

Erläutern Sie auf welcher Rechtsgrundlage Frau Sommer den Vertrag anfechten könnte.

Aufgabe 15   *Verjährungsfristen*

Herr Martin hat sich vor 4 Jahren von der Firma H-Bau eine Fußbodenheizung in seinem Wohnzimmer einbauen lassen. Als er sein Wohnzimmer mit einem neuen Bodenbelag auslegen will, stellt er verärgert fest, dass der Estrich des Bodens massive Risse aufweist.

Er wendet sich umgehend an die Baufirma und verlangt umgehende kostenlose Reparatur des Schadens. Die Baufirma H-Bau verweist auf die 3-jährige Verjährungsfrist und lehnt die Sanierung auf eigene Kosten ab.

a) Erläutern Sie die Rechtslage.

b) Welche weiteren Verjährungsfristen sind Ihnen bekannt? Benennen Sie die zugehörigen Paragraphen.

Verjährungsfristen können sich durch sogenannte Hemmungen der Verjährung verlängern.

c) Erläutern Sie vier Möglichkeiten von Hemmungen und geben Sie die entsprechenden Paragraphen an.

Aufgabe 16   *Verjährungsfristen*

Helmut S hat eine Reparatur am 22.04.2017 an seinem Auto in einer Vertragswerkstatt durchführen lassen.

Am 04.09.2017 fiel der Buchhaltung auf, dass die Rechnung von Helmut S noch nicht beglichen wurde.

Berechnen Sie die genaue Verjährungsfrist für diesen Fall.

Aufgabe 17   *Gerichtsstand und Gerichtsbarkeit*

Lassen sich bei mit Mängeln behaftete Rechtsgeschäfte nicht zwischen den Parteien einvernehmlich lösen werden Gerichte zur Klärung der Rechtsstreitigkeiten bemüht.

a) Erläutern Sie den Unterschied zwischen „Gerichtsstand" und „Gerichtsbarkeit".

b) Welche unterschiedlichen Gerichtsstände unterscheidet das Gesetz?

c) Erläutern Sie, welche fünf voneinander unabhängige Gerichtsbarkeiten bestehen.

Aufgabe 18   *Produkthaftung*

Herr Marek hat sich dazu entschlossen nach Bitten seiner Frau ihr Bad zu erneuern. Dabei sollen auch die Waschmaschine und der Spiegelschrank ausgetauscht werden.

Die Waschmaschine und den Spiegelschrank kauft Herr Marek im Fachhandel „BadMeier" und lässt diese durch den angebotenen Aufbauservice der Firma „BadMeier" fachmännisch installieren. Die Kosten belaufen sich auf 1900 EUR.

Nach 14 Monaten löst ein Kurzschluss in der Beleuchtung im Spiegelschrank einen Brand aus, der die Wohnung des Ehepaares erheblich beschädigt. Der Schaden wird durch einen Gutachter auf insgesamt 26.500 EUR beziffert.

Durch den Brand wird Frau Marek so stark verletzt, dass Sie 4 Monate im Krankenhaus verweilen muss. Nach Ihrem Krankenhausaufenthalt bleiben sichtbare Brandnarben bei Frau Marek zurück. Da Frau Marek eine freiberufliche Tätigkeit ausübte, entging Frau Marek ein Umsatz von 12.000 EUR.

In späteren Untersuchungen wurde die Ursache für den Brand eindeutig identifiziert. Die Verkabelung der Spiegelschrankbeleuchtung hatte sich bei längerer Brenndauer verformt und zu einem Kurzschluss geführt, der dann schließlich den Brand auslöste.

Der Spiegelschrank wurde in einer in Deutschland ansässigen Firma „Hermann-Möbel" hergestellt, und im Verlauf der Untersuchung stellte man fest, dass es mit diesem Spiegelschrank schon zu einigen ähnlichen Fällen ungewöhnlicher Hitzeentwicklung gekommen ist.

Die Herstellerfirma kennt das Problem der Hitzeentwicklung, hat aber aus Kostengründen auf eine neue Konstruktion der Verkabelung verzichtet, da es in Ihren Augen nur zu besonderen Einzelfällen kam.

a)   Welche Ansprüche kann Herr Marek gelten machen?

b)   Welche Ansprüche Kann Frau Marek gegenüber dem Fachhandel „Bad-Meier" gelten machen?

c)   Welche Ansprüche kann Frau Marek gegenüber dem Hersteller „Hermann-Möbel" gelten machen?

Aufgabe 19   *Produkthaftung*

Bei welchen Bedingungen kann die Ersatzpflicht des Herstellers nach dem Produkthaftungsgesetz ausgeschlossen werden?

Aufgabe 20   *Kaufvertrag*

Erläutern Sie den Unterschied zwischen Erfüllungsgeschäft und Verpflichtungsgeschäft.

Aufgabe 21   *Kaufvertrag*

Nennen Sie die Rechte und dazugehörige Rechtsgrundlage des Verkäufers bei Mängeln.

Aufgabe 22   *AGB als Vertragsbestandteil*

Nennen Sie jeweils 3 Voraussetzungen, die erfüllt sein müssen, dass AGBs im Rahmen eines Vertrages „wirksam" oder „unwirksam" werden.

Aufgabe 23   *Verbrauchsgüterverkauf*

Das BGB unterscheidet zwischen Gebrauchsgütern und Verbrauchsgütern.

a) Beschreiben Sie den Begriff Verbrauchsgüterverkauf.

b) Nennen Sie drei Kaufverträge, bei denen es sich nicht um Verbrauchsgüterverkauf handelt.

Aufgabe 24   *Beweislastumkehr*

Herr Hallmann kauft von Elektrohändler Heinrich einen neuen Smart TV. Drei Monate nach Übergabe lässt sich der TV nicht mehr anschalten. Es ist nicht feststellbar, ob der Mangel aufgrund eines Materialfehlers bereits bei Übergabe vorprogrammiert war oder auf fehlerhafte Bedienung des Herrn Hallmann zurückzuführen ist. Der Elektrohändler geht nicht auf die Forderungen der Gewährleistung ein und beschuldigt Herrn Hallmann den TV falsch benutzt zu haben.

Beschreiben Sie, ob Herr Hallmann Gewährleistungsansprüche geltend machen kann.

Aufgabe 25   *Miet- und Pachtvertrag*

Familie Kern mietet im Frühjahr ein Haus in einer Vorstadt von Hamburg. Frau Kern wollte dieses Haus unbedingt mieten, da es einen großzügigen Garten mit allerlei schön arrangierten Obstbäumen hat, zwischen denen die Kinder spielen können und es an heißen Sommertagen viel Schatten im Garten geben wird.

Familie Kern fühlt sich sehr wohl in Ihrem neuen Domizil, zumal im Herbst die Obstbäume reichliche Äpfel und Birnen hervorbrachten, aus denen Sie herrliche Marmelade herstellen können.

Plötzlich steht der Vermieter völlig verärgert vor der Tür und verlangt von Familie Kern die Herausgabe der geernteten Äpfel und Birnen da es schließlich seine Obstbäume wären.

a) Beschreiben Sie die wesentlichen Unterschiede zwischen Miet- und Pachtverträgen.

b) Hat der Vermieter das Recht die Herausgabe des Obstes zu fordern?

c) Beschreiben Sie die Rechtslage.

Aufgabe 26   *Mietvertrag*

In der Wohnung des Mieters Herrn Müller fällt am 05. Dezember komplett die Heizung aus. Ursache waren ein bereits vor Vertragsschluss defekte Heizungsventile.

Hat Herr Müller das Recht seine Miete zu mindern?

Aufgabe 27   *Weitere Vertragsarten*

Neben dem Mietvertrag beschreibt das BGB weitere Vertragsarten.

a)   Beschreiben Sie den Unterschied zwischen Dienstverträgen und Werksverträgen.

b)   Beschreiben Sie die Hauptleistungspflichten eines Darlehensvertrages, die sich aus dem BGB ergeben.

Aufgabe 28   *Kauf und Leasing*

a)   Welcher Unterschied besteht im BGB zwischen Ratenkaufverträgen und Leasingverträgen?

b)   Welche zwei Arten von Leasing werden unterschieden?

Aufgabe 29   *Fernabsatzgeschäft*

Im § 312b des BGB werden sogenannte Fernabsatzgeschäfte geregelt.

a)   Was versteht man unter Fernabsatzgeschäft genau und wann liegen Fernabsatzgeschäfte vor?

b)   Welche Kommunikationsmittel können im Fernabsatzgeschäft unterschieden werden?

c)   Nennen Sie drei Informationspflichten der Unternehmer im Fernabsatzgeschäft.

Aufgabe 30   *Elektronischer Geschäftsverkehr*

Was versteht man unter elektronischem Geschäftsverkehr und welche Rechtspflichten ergeben sich dadurch für den Unternehmer?

Aufgabe 31   *Leistungsstörung*

a)   Worum handelt es sich bei einem Leistungsort und der Leistungszeit?

b)   Grenzen Sie ab: Begriffe Holschuld, Bringschuld und Schickschuld

c)   Worin besteht der Unterschied bei Stückschuld und Gattungsschuld?

Aufgabe 32   *Unmöglichkeit der Leistung*

Der Gesetzgeber unterscheidet nach § 275 BGB verschiedene "Arten" der Unmöglichkeit, die jeweils an verschiedene Voraussetzungen geknüpft sind.

a)   Unterscheiden Sie die „objektive" und „subjektive" Unmöglichkeit.

b)   Was versteht man unter der „anfänglichen Unmöglichkeit und wie wirkt sich diese rechtlich auf die Leistungsstörung aus?

c)   Nennen sie vier weitere Ihnen bekannte Unmöglichkeiten.

Aufgabe 33   *Mangel*

Bei der wöchentlichen Lieferung eines Großlieferanter in einem Hotel werden die gelieferten Waren auf Vollständigkeit und Qualität geprüft. Hierbei wurden aber erhebliche Mängel festgestellt.

1. Einige Packungen Kartoffelsalat sind offensichtlich verdorben.

2. Bei den bestellten Äpfeln der Handelsklasse „extra" stellte sich heraus, dass es sich tatsächlich um Äpfel der Handelsklasse 2 mit einer mittleren Qualität handelt, die den Qualitätsansprüchen nicht gerecht werden.

3. Hackfleisch, dass halb Rind, halb Schwein geliefert werden sollte, besteht nur aus Schweinefleisch.

4. Laut Bestellung sollten außerdem 25 Kg Roastbeef angeliefert werden. Die tatsächliche Menge beläuft sich aber auf nur 11 Kg.

5. Es wurden auch neue Tischdecken in blau bestellt, da die alten Tischdecken Gebrauchsspuren aufweisen. In der Lieferung aber befanden sich hellrote Tischdecken, die nun überhaupt nicht in das Flair des Restaurants passen.

a) Welche Mängel ergeben sich hier im Einzelnen nach BGB?

b) Welche Ansprüche kann das Hotel gegenüber dem Lieferanten geltend machen?

Aufgabe 34   *Verzug*

Verzug tritt ein, wenn die Leistungspflichten von Schuldner oder Gläubiger nach der Fälligkeit verspätet erfüllt werden.

a) Welche Voraussetzungen müssen zum Gläubigerverzug erfüllt sein?

b) Welche Rechte hat der Gläubiger bei Schuldnerverzug?

Aufgabe 35   *Eigentum*

Beschreiben Sie den Unterschied von Besitz und Eigentum.

Aufgabe 36   *Eigentum*

Wie erfolgt die Eigentumsübertragung bei beweglichen Sachen und Grundstücken?

Aufgabe 37   *Gutgläubiger Eigentumserwerb*

Klaus geht von einer langen Partynacht nach Hause, am Wegesrand steht ein Fahrrad und er beschließt mit diesem nachhause zu radeln. Am nächsten Morgen sieht sein Nachbar das Rad, dass Klaus vor dem Haus abgestellt hatte und fragt Klaus, ob das sein Rad wäre. „Natürlich ist das mein Rad" sagte Klaus. Dem Nachbarn schien das Fahrrad zu gefallen und Klaus willigte ein, ihm das Fahrrad zu verkaufen. Erfreut über 200 Euro wurde schnell der Handel abgeschlossen.

Am nächsten Morgen radelte der Nachbar von Klaus mit seinem neuen Fahrrad durch den angrenzenden Park. Dort erkannte der eigentliche Besitzer Herr Meier sein Rad, dass ihm letztlich gestohlen wurde wieder und verlangte erbost sein Rad vom Nachbarn.

Wie ist die Rechtslage?

Aufgabe 38 *Besitz*

Beim Besitz unterscheidet das BGB den unmittelbaren Besitz und den mittelbaren Besitz. Stellen Sie die Unterschiede dar.

Aufgabe 39 *Bürgschaften*

Eine Form der Personalsicherheit sind sogenannte Bürgschaften.

a) Beschreiben Sie den Unterschied zwischen „Gewöhnlicher Bürgschaft" und „Selbstschuldnerische Bürgschaft".

b) Welche Formen der Bürgschaft mit mehreren Bürgern sind ihnen bekannt?

Aufgabe 40 *Garantien*

Beschreiben Sie die Begriffe
- Anzahlungsgarantie
- Bietungsgarantie
- Gewährleistungsgarantie

Aufgabe 41 *Eigentumsvorbehalt*

Was versteht das Recht unter dem Begriff Eigentumsvorbehalt?

Aufgabe 42 *Eigentumsvorbehalt*

Es werden im „einfacher Eigentumsvorbehalt" von „verlängerten Eigentumsvorbehalt" unterschieden

a) Grenzen Sie die beiden Begriffe voneinander ab.

b) Unter welchen Bedingungen setzt der „einfacher Eigentumsvorbehalt" aus?

Aufgabe 43 *Pfandrecht an beweglichen Sachen*

Beschreiben Sie, unter welchen Voraussetzungen das Pfandrecht entstehen kann?

Aufgabe 44   *Sicherungsübereignung*

Ein Fuhrparkunternehmen möchte einen neuen LKW kaufen. Hierfür beantragt man einen Kredit von der Bank. Die Bank verlangt als Sicherheit die Sicherungsübereignung seines LKWs.

Klären Sie die Besitzverhältnisse der Sache bei dieser Sicherheitsübereignung.

Aufgabe 45   *Sicherungsübereignung*

Die Sicherungsabtretung ist eine Form der Kreditsicherung und erfolgt in der Form, dass der Kreditnehmer eine bestimmte, ihm gegen einen Dritten zustehende Forderung, an den Kreditgeber überträgt.

Welche Forderungen sind gesetzlich über Verbot nicht abtretbar?

Aufgabe 46   *Grundpfandrechte*

Grundpfandrechte sind Finanzierungssicherheiten die durch Verpfändung unbeweglicher Vermögen entstehen.

a)   Unterscheiden Sie die Begrifflichkeiten „Hypothek" und „Grundschuld".

b)   Welche drei Arten von Grundschuld sind ihnen bekannt?

Aufgabe 47   *Insolvenzrecht*

Welche Gründe können zur Eröffnung eines Insolvenzverfahrens führen?

Aufgabe 48   *Insolvenzrecht*

Im Insolvenzrecht werden bei der Verteilung der Insolvenzmasse verschiedene Gläubiger unterteilt.

Unterscheiden Sie folgende Gläubiger voneinander.

-   aussonderungsberechtigter Gläubiger

-   absonderungsberechtigter Gläubiger

Aufgabe 49   *Insolvenzrecht*

Was versteht man im Insolvenzrecht unter der Insolvenzquote?

Aufgabe 50   *Restschuld-Befreiungsverfahren*

Was soll ein Restschuld-Befreiungsverfahren bewirken und was bedeutet die Wohlverhaltensperiode?

Aufgabe 51 *Kaufmann*

Die Kaufmannseigenschaft wird durch Eintragung ins Handelsregister oder Inkrafttreten von Gesetzen bewirkt. Hieraus ergeben sich verschiedene Rechte und Pflichten für den Kaufmann.

Nennen Sie jeweils 3 Rechte und Pflichten mit Bezugnahme auf die Rechtsgrundlage.

Unterscheiden Sie den „Ist-Kaufmann" vom „Form Kaufmann".

Aufgabe 52 *Prokurist*

Der Prokurist ist eine Form der unselbständigen Hilfspersonen eines Kaufmanns.

a) Wie kann ein Angestellter Mitarbeiter in einem Unternehmen Prokura erlangen?

b) Welche Arten von Prokura werden unterschieden?

c) Was darf ein Prokurist im Unternehmen?

d) Was darf ein Prokurist nicht?

Aufgabe 53 *Handlungsbevollmächtigter*

Wie unterscheidet sich der Handlungsbevollmächtigte in einem Unternehmen vom Prokuristen?

Aufgabe 54 *Handelsregister*

Ein Kaufmann ist verpflichtet, seine Firma im sogenannten Handelsregister einzutragen und auch bei Änderungen dies im Handelsregister anzuzeigen.

a) Zu welchem Zweck wird das Handelsregister geführt?

b) Welche Inhalte müssen im Handelsregister für Einzelunternehmen und Personengesellschaften eingetragen werden?

Aufgabe 55 *Handelsvertreter*

Welche Vertragsart wird zwischen Handelsvertreter und einem Unternehmen abgeschlossen? Nennen Sie jeweils 2 Pflichten und Rechte des Handelsvertreters, die sich aus diesem Vertragsgegenstand ergeben.

Aufgabe 56 *Handelsmakler*

Handelsmakler unterscheiden sich vom Handelsvertreter.

Beschreiben Sie die grundlegenden Unterschiede.

Aufgabe 57   *Arbeitsrecht*

Erklären Sie die Unterscheidung des Arbeitsrechts in individuelles und kollektives Arbeitsrecht.

Aufgabe 58   *Arbeitsvertrag*

Welche Einschränkungen müssen bei Abschluss eines Arbeitsvertrages beachtet werden?

Aufgabe 59   *Arbeitsvertrag*

Nennen Sie 4 Gründe wann ein Arbeitnehmer das Recht auf „Vergütung ohne Leistung" hat und geben Sie die Rechtsgrundlage an.

Aufgabe 60   *Urlaubsanspruch*

Der Arbeitgeber Herrmann und der Arbeitnehmer Meier vereinbaren im Arbeitsvertrag einen jährlichen Erholungsurlaub von 19 Tagen. Ist diese Vereinbarung wirksam?

Aufgabe 61   *Schwerbehinderte*

Erläutern Sie, ob ein Unternehmen verpflichtet ist Schwerbehinderte zu beschäftigen?

Aufgabe 62   *Einstellungsgespräch*

Bei einem Vorstellungsgespräch fragt der Personalchef Herr Müllermann die Bewerberin Frau Heidres unter anderem nach ihrer Schulbildung, ob sie schwanger sei und ob sie denn die Pille nehme.

   a)   Geben Sie an, ob diese gestellten Fragen zulässig sind.

   b)   Welche Möglichkeit hat Frau Heidres sich in diesem Fall zu verhalten?

Aufgabe 63   *Kündigung des Arbeitsverhältnisses*

Herr Martin arbeitet bereits seit 6 Jahren in der Firma „Forrester" und wird zu seinem 24. Geburtstag am 22.8. aus betriebsbedingten Gründen zum 30.09. gekündigt. Ist die Kündigung fristgerecht?

Aufgabe 64   *Kündigung des Arbeitsverhältnisses*

Der Mitarbeiter Luber wird beim Diebstahl im Unternehmen erwischt. Der Chef hat überlegt, ob er Herrn Luber kündigen soll oder ob es nur ein unvernünftiger Fehltritt war. Nach vier Wochen überwindet er sich und kündigt ihm fristlos. Ist die Kündigung wirksam?

Aufgabe 65   *Betriebsrat*

Das Betriebsverfassungsgesetz regelt unter anderem die Betriebsratstätigkeit.

a)   Unter welchen Voraussetzungen kann ein Betriebsrat gewählt werden?

b)   Welche Mitarbeiter sind wahlberechtigt?

c)   Wer kann als Betriebsrat gewählt werden?

d)   Nennen Sie 4 Aufgaben des Betriebsrates.

Aufgabe 66   *Betriebsrat Mitwirkungsrechte*

Welche Mitwirkungsrechte hat der Betriebsrat? Nennen Sie die Rechtsgrundlage.

Aufgabe 67   *Betriebsvereinbarungen*

a)   Wie kommen in einem Unternehmen Betriebsvereinbarungen zustande?

b)   Nennen sie 3 Gegenstände, die in einer Betriebsvereinbarung geregelt werden können.

Aufgabe 68   *Einigungsstelle*

Was versteht man unter einer Einigungsstelle nach BetrVG?

Aufgabe 69   *Arbeitsstättenverordnung*

Nennen Sie 5 Pflichten des Arbeitgebers nach der Arbeitsstättenverordnung, die für das Betreiben von Arbeitsstätten gelten.

Aufgabe 70   *Betriebsarzt*

Erläutern Sie über Beispiele, wie der Betriebsarzt den Arbeitgeber in Fragen des Arbeitsschutzes und der Unfallverhütung unterstützen kann.

Aufgabe 71   *Arbeitszeitgesetz*

Die Grundlagen und Inhalte zu werktäglicher Arbeitszeit ergeben sich aus dem Arbeitszeitgesetz.

Gehen Sie erläuternd auf die Regelarbeitszeit, Ruhepausen, Ruhezeiten und Nachtarbeit ein.

Aufgabe 72 *Unlauterer Wettbewerb*

Beschreiben Sie anhand von 3 Beispielen, welche unlauteren geschäftlichen Handlungen nach § 3 UWG verboten sind.

Aufgabe 73 *Irreführende Werbung*

Ab wann gilt nach UWG eine Werbung als irreführend?

Aufgabe 74 *Unzumutbare Belästigung*

Beschreiben Sie 4 Gegebenheiten die das UWG als unzumutbare Belästigung ansieht
und diese für unzulässig erklärt.

Aufgabe 75 *Rechtsfolgen unlauteren Wettbewerbs*

Erläutern Sie den Unterschied zwischen Schadensersatz und Gewinnabschöpfung als
Rechtsfolge bei unlauterem Wettbewerb.

Aufgabe 76 *Gesetz gegen Wettbewerbsbeschränkung*

Bei welchen Fällen ist von einer missbräuchlichen Ausnutzung einer marktbeherrschenden Stellung auszugehen?

Aufgabe 77 *Gesetz gegen Wettbewerbsbeschränkung*

Beschreiben Sie 5 Maßnahmen, die eine Kartellbehörde ergreifen kann um gegen
Zuwiderhandlungen gegen das GWB vorzugehen.

Aufgabe 78 *Gewerbeordnung*

Welche Vorschriften umfasst die Gewerbeordnung?

Aufgabe 79 *Erlaubnispflicht*

Nennen Sie 4 Gewerbearten die einer behördlichen Erlaubnispflicht unterliegen.

Aufgabe 80 *Überwachungsbedürftige Gewerbe*

Herr Karl möchte sich im Bereich Edelsteinhandel selbständig machen. Er weiß, dass
dieses Gewerbe unter das überwachungsbedürftige Gewerbe fällt.
Welche Voraussetzungen muss Herr Karl erfüllen?

Aufgabe 81   *Sonderreglungen*

Welche Sonderreglungen erweitern und unterstützen die Gewerbeordnung?

Aufgabe 82   *Steuern*

Steuern stellen den größten Teil öffentlich-rechtlicher Abgaben dar.
a)   Welche Merkmale haben Steuern im Allgemeinen?
b)   Welche Ziele werden vom Staat mit der Steuererhebung verfolgt?
c)   Welche weiteren Arten von Abgaben sind Ihnen bekannt?

Aufgabe 83   *Steuern*

Welcher Unterschied ergibt sich aus den Begriffen „direkter" und "indirekter"
Steuer? Geben Sie jeweils zwei Beispiele an.

Aufgabe 84   *Steuerschuld*

Was verbirgt sich hinter dem Begriff Steuerschuld?

Aufgabe 85   *Steuerliche Buchführungspflicht*

Wie unterscheiden sich die „originäre" von der „derivativen" Buchführungspflicht?

Aufgabe 86   *Einkommensteuer*

Ab welchem Alter beginnt die persönliche Steuerpflicht?

Aufgabe 87   *Einkommensteuer*

Unterscheiden Sie, anhand eines Beispiels, die „unbeschränkte" und „beschränkte"
Steuerpflicht.

Aufgabe 88   *Bemessungsgrundlage der Einkünfte*

Beschreiben Sie, wie das „zu versteuernde Einkommen" ermittelt wird.

Aufgabe 89   *Gewinnermittlung*

Nennen Sie jeweils drei Beispiele für
-   Betriebsausgaben
-   Werbungskosten
-   Sonderausgaben
-   außergewöhnliche Belastungen
die bei der Gewinnermittlung berücksichtigt werden.

Aufgabe 90   *Einkommensteuertarif*

Erläutern Sie, was man unter dem Einkommensteuertarif versteht.

Aufgabe 91   *Lohnsteuerklassen*

Welche Lohnsteuerklassen sind bekannt und für welche Personengruppe treffen diese zu?

Aufgabe 92   *Körperschaftssteuer*

Wer ist nach dem KStG körperschaftssteuerpflichtig?

Aufgabe 93   *Körperschaftssteuer*

Unterscheiden Sie bei der Steuerbefreiung die „sachliche" und „persönliche" Steuerpflicht.

Aufgabe 94   *Körperschaftssteuer*

Welche zwei Grenzen für den Spendenabzug sind bei der Ermittlung der Körperschaftssteuer vorgegeben?

Aufgabe 95   *Gewerbesteuer*

Erstellen Sie das Berechnungsschema zur Ermittlung der Gewerbesteuer.

Aufgabe 96   *Gewerbesteuer*

Wann kommt es zu einer „Zerlegung des Steuermessbetrages"?

Aufgabe 97   *Kapitalertragssteuer*

Nennen Sie 5 Einkünfte aus Kapitalvermögen, die zur Ermittlung der Kaptalertragssteuer herangezogen werden.

Aufgabe 98   *Kapitalertragssteuer*

Was versteht man unter dem „Freistellungsauftrag" und welche Inhalte müssen in diesem enthalten sein?

Aufgabe 99   *Umsatzsteuer*

Was versteht man unter der Umsatzsteuer?

Aufgabe 100 *Umsatzsteuer*

Was sind nach UStG „steuerbare Leistungen" und welche Steuersätze sind Ihnen bekannt?

Aufgabe 101 *Steuerbefreiung*

Nennen Sie 4 Beispiele bei denen eine Steuerbefreiung möglich ist.

Aufgabe 102 *Vorsteuer*

Unter welchen Voraussetzungen kann eine sogenannte Vorsteuer beim Unternehmer geltend gemacht werden?

Aufgabe 103 *Besteuerung von Kleinunternehmern*

Welche zwei Voraussetzungen erlauben es Kleinunternehmern ganz von der Umsatzsteuer befreit zu werden?

Aufgabe 104 *Grundsteuer*

Wer ist für die Erhebung der Grundsteuer verantwortlich und nach was richtet sich die Höhe der Grundsteuer?

Aufgabe 105 *Grunderwerbsteuer*

Welche Voraussetzungen müssen zu einer Erhebung der Grunderwerbsteuer erfüllt sein?

Aufgabe 106 *Grunderwerbsteuer*

Bei welchen Fällen ist man von der Grunderwerbssteuer befreit?

Aufgabe 107 *Erbschaftsteuer*

Beschreiben Sie 4 Beispiele die nach dem ErbStG steuerbefreit sind?

Aufgabe 108 *Erbschaftsteuer*

Welche drei Verfahren werden zur Ermittlung des Grundbesitzwertes bei bebauten Grundstücken angewendet?

Aufgabe 109 *Erbschaftsteuer*

Welche Steuerklassen werden Geschwister und Geschwisterkinder zugeordnet und welcher Freibetrag gilt für diese?

Aufgabe 110 *Abgabenordnung*

Was sind sogenannte steuerliche Nebenleistungen?

Aufgabe 111 *Abgabenordnung*

Welche Verwaltungsakte nach der Abgabenordnung lassen sich unterscheiden?

Aufgabe 112 *Abgabenordnung*

Was versteht man nach der Abgabenordnung unter einer Außenprüfung und für wen wird diese angewandt?

Aufgabe 113 *Abgabenordnung*

Was versteht man unter dem Einspruchsverfahren?

Lösungshinweise

Lösung 1   *Rechtssubjekte*

a) Nach §1 BGB

Natürliche Personen:

Alle Menschen werden mit Ihrer Geburt zum Rechtssubjekt, sie sind grundrechtsfähig und können Eigentum und Besitz erwerben

Juristische Personen:

„Künstliche Personen", welche aufgrund von Rechtsnormen geschaffen wurden und eine eigene Rechtspersönlichkeit haben. Juristische Personen können durch natürliche Personen vertreten werden, bzw. klagen und verklagt werden.

b)

Juristische Personen öffentlichen Rechts:

- Industrie und Handelskammer

- Rechtsanwaltskammer

- Öffentliche Rundfunkanstalten

Juristische Personen Privaten Rechts:

- Aktiengesellschaften

- Genossenschaften

- GmbHs

Lösung 2   *Rechtsobjekte*

a) Nach §91 BGB

Unbewegliche Sachen:

Als unbewegliche Sache oder Immobilien werden Grundstücke mit ihren wesentlichen Bestandteilen, speziell Grundstücke oder Gebäude, bezeichnet.

Bewegliche Sachen:

Als bewegliche Sachen werden alle Sachen außer den unbeweglichen Sachen bezeichnet.

Vertretbare Sachen:

Bewegliche Sachen sind Sachen, die durch Maß, Zahl, Gewicht oder Qualität bestimmt werden können. Sie weisen keine Individualisierbarkeit auf.

Unvertretbare Sachen:

Bei nicht vertretbaren Sachen kommt es auf die besonderen Eigenschaften des einzelnen Stücks an. Sie weisen eine Individualisierbarkeit auf. Wohnungen, Gebäude und Grundstücke gehören zu den unvertretbaren Sachen.

b) Nach § 93, 94 BGB

Die meisten Sachen setzen sich aus anderen Sachen (Bestandteile) zusammen. Können diese Bestandteile ohne Zerstörung nicht voneinander getrennt werden, so spricht man von wesentlichen Bestandteilen der Sache.

Wesentliche Bestandteile eines Grundstücks sind Sachen, die fest mit Grund und Boden verbunden sind, außer die Sachen wurden nur vorübergehend eingebaut.

Im Gegensatz dazu sind einfache Bestandteile Sachen, die nicht wesentlich sind und ohne Zerstörung oder Wesensveränderung entfernt werden können.

Lösung 3   *Rechtsfähigkeit*

Nach §1 BGB

Rechtsfähigkeit bei einer natürlichen Person beginnt ab Vollendung der Geburt und endet zum Tod der Person.

Bei juristischen Personen beginnt die Rechtsfähigkeit mit dem Zeitpunkt des Eintrages in das entsprechende Register und endet mit der Löschung aus dem entsprechenden Register. z.B. Handelsregister, Vereinsregister

Lösung 4   *Geschäftsfähigkeit*

Die Geschäftsfähigkeit ist wie die Deliktfähigkeit ein Bestandteil der Handlungsfähigkeit

Geschäftsfähigkeit ist die Fähigkeit, Willenserklärungen selbstständig und rechtswirksam abgeben und selbstständig entgegen nehmen zu können.

Die Deliktfähigkeit ist darauf gerichtet, ob eine Person für einen vorsätzliche oder fahrlässig verursachten Schaden Ersatz leisten muss.

Lösung 5   *Geschäftsfähigkeit*

a) Nach §104 BGB: Geschäftsunfähige Personen sind Minderjährige die das siebte Lebensjahr noch nicht vollendet haben und dauernd geisteskranke Personen.

b) Nach §106 BGB: Beschränkt geschäftsfähig sind Personen vom vollendeten 7. Lebensjahr bis zum vollendeten 18. Lebensjahr.

Deren Willenserklärungen brauchen in der Regel eine vorherige Zustimmung des entsprechenden gesetzlichen Vertreters.

Lösung 6   *Willenserklärung*

Unter einer Willenserklärung versteht man eine auf einen rechtlichen Erfolg gerichtete Äußerung. Eine vorgegebene Willenserklärung ist rechtlich bindend. Rechtsgeschäfte bestehen aus mindestens einer Willenserklärung.

Lösung 7   *Willenserklärung*

a) Eine ausdrückliche Willenserklärung bedeutet, mittels Wort oder Text den Willen ausführlich zu übermitteln.

Eine schlüssige Willenserklärung liegt vor, wenn jemand seinen Willen stillschweigend (lautlos) zum Ausdruck bringt, z.B. durch eine aktive Handlung (ohne Reden), wie

- Bezahlung auf Vertragsangebot
- Ablegen der Ware auf das Kassenband
- Benutzung einer Steckdose

b) Schriftform — Arbeitsverträge

Textform — Widerrufsbelehrungen

notarielle Beurkundung — Kaufverträge über Grundstücke

öffentliche Beglaubigung — Anmeldung zum Handelsregister

Lösung 8   *Rechtsgeschäfte*

a) Die Kündigung des Arbeitsverhältnisses ist ein „einseitiges Rechtsgeschäft" mit einer „empfangsbedürftigen Willenserklärung", die mit ihrem Zugang beim Arbeitgeber das Arbeitsverhältnis mit Ablauf der Kündigungsfrist beendet.

b) Herr Müller muss die Schriftform einhalten denn nach § 623 BGB bedürfen die Beendigung von Arbeitsverhältnissen durch Kündigung zu ihrer Wirksamkeit der Schriftform. Die elektronische Form ist ausgeschlossen.

Lösung 9   *Rechtsgeschäfte*

a) Durch den Kauf des Gartentisches besteht ein „mehrseitiges Rechtsgeschäft" mit mehrseitigen Verpflichtungen, da der Verkäufer den Tisch übergeben muss und Frau Meier den Tisch bezahlen muss.

b) Würde Frau Meier den Tisch geschenkt bekommen, besteht immer noch ein „mehrseitiges Rechtsgeschäft", aber mit einer einseitigen Verpflichtung, da Frau Meier keine Verpflichtungen gegenüber dem Schenker hat.

Lösung 10   *Schuldverhältnis*

Ein Schuldverhältnis im engeren Sinne beschreibt die einzelne Leistungsbeziehung zwischen Gläubiger und Schuldner, also den Zustand, in dem sich ein Anspruch und eine entsprechende Schuld gegenüberstehen.

Nach §241 BGB hat der Gläubiger das Recht, vom Schuldner eine Leistung zu verlangen, wobei die Leistung auch in einem Unterlassen bestehen kann.

Das Schuldverhältnis begründet neben den sog. Leistungspflichten zugleich auch Verhaltens- und / oder Schutzpflichten.

Lösung 11   *Schuldverhältnis*

a)   Einerseits liegt ein Verpflichtungsgeschäft durch einen „Schuldrechtlichen Vertrag" (Kaufvertrag) vor,

andererseits bestehen noch zwei Verfügungsgeschäfte:

- sachenrechtlicher Vertrag über die Übereignung des Kaufpreises
- sachenrechtlicher Vertrag über die Übereignung des Stabmixers

b)   Der Verkäufer hat die Hauptpflicht, den Stabmixer als mangelfreie Ware zu übereignen.

Frau Hermin hat hingegen die Hauptpflicht den geforderten Kaufpreis dem Verkäufer zu übereignen.

c)   Weiter Arten von Schuldverhältnissen:

- Tausch
- Werkvertrag
- Mietvertrag
- Bürgschaft
- Dienstvertrag
- etc...

Lösung 12   *Treu und Glaube*

Treu und Glaube ist ein Rechtsgrundsatz, nach dem der eine Vertragspartner auf die berechtigten Interessen der anderen Rücksicht nehmen muss und er seine Rechte redlich ausübt.

Nach §157 BGB sind Verträge so auszulegen, wie Treu und Glauben es mit Rücksicht auf die Verkehrssitte erfordern.

Nach §242 BGB ist der Schuldner verpflichtet, die Leistung so zu bewirken, wie Treu und Glauben mit Rücksicht auf die Verkehrssitte es erfordern.

Lösung 13 *Nichtigkeit von Verträgen*

a) Herr Klausen hat zwar eine Schenkung gemacht, aber diese Willenserklärung erfolgte mit Störung nach §105 BGB, da sie im Zustand in vorrübergehender Störung der Geistestätigkeit geschah. Es besteht ein Mangel im rechtsgeschäftlichen Willen und somit ist der Schenkungsvertrag nichtig.

b) Unterschieden werden Mängel nach

- Mängel im Inhalt

- Mängel im rechtgeschäftlichen Willen

- Mängel in der Form

- Mängel in der Geschäftsfähigkeit

Lösung 14 *Anfechtung von Verträgen*

Wenn dem Verkäufer der Statue nicht bewusst war, dass es sich um eine Fälschung handelte, kann Frau Sommer nach §119 BGB aufgrund falscher Vorstellung über Tatsachen, also aufgrund eines Eigenschaftsirrtums, den Vertrag anfechten.

Wusste der Verkäufer von der „Fälschung" also hat er Frau Sommer bewusst verheimlicht, dass es sich um eine Fälschung handelt, würde §123 BGB zur Geltung kommen und den Vertrag durch arglistige Täuschung anfechten.

Lösung 15 *Verjährungsfristen*

a) Die Baufirma kann sich nicht auf die Regelverjährung stützen, da nach §438 BGB bei einem Bauwerk und bei einer Sache, die entsprechend ihrer üblichen Verwendungsweise für ein Bauwerk verwendet worden ist und dessen Mangelhaftigkeit verursacht hat eine Verjährungsfrist von 5 Jahren besteht. Somit kann Herr Martin auf die Reparatur bestehen.

b) **6 Monate**

§548 BGB die Verjährungsfrist bei Schadensersatzansprüchen aus Miete oder Leihe

1 Jahr

§439 HGB die Verjährungsfrist bei Fracht- und Speditionskosten

2 Jahre

§438 BGB die Verjährungsfrist bei kauf- und werkvertraglichen Mängelansprüchen

3 Jahre

§195 BGB die regelmäßige Verjährungsfrist für alle Ansprüche des täglichen Lebens

5 Jahre

§438 BGB die Verjährungsfrist bei Bauwerken

10 Jahre

§196 BGB die Verjährungsfrist für Übertragung des Eigentums an einem Grundstück

30 Jahre

§197 BGB die Verjährungsfrist für familien- und erbrechtliche Ansprüche und Insolvenzverfahren

c) Die Verjährung kann aus folgenden Gründen gehemmt werden:
   - Hemmung der Verjährung bei Verhandlungen gemäß § 203 BGB
   - Hemmung der Verjährung durch Rechtsverfolgung in den in § 204 BGB aufgeführten Sachverhalten
   - Hemmung der Verjährung bei einem Leistungsverweigerungsrecht gemäß § 205 BGB
   - Hemmung der Verjährung bei höherer Gewalt gemäß § 206 BGB

Lösung 16   *Verjährungsfristen*

Diese sog. Regelverjährung berechnet sich gemäß § 199 BGB. Sie beginnt mit dem Schluss des Jahres, in dem der Anspruch entstanden ist.

Die Forderung der Werkstatt entstand am 22.04.2017, die Verjährungsfrist beginnt somit am 31.12.2017 und ist bis zum 31.12.2020 nicht verjährt. Ab dem 01.01.2021 tritt Verjährung ein.

Lösung 17   *Gerichtsstand und Gerichtsbarkeit*

a) Der „Gerichtsstand" ist der Ort des zuständigen Gerichts bei Rechtsstreitigkeiten. Der Gerichtsstand begründet die Zuständigkeit eines Gerichts, an welchem für alle gegen eine Person gerichtete Klagen zu erheben sind.

   Die Gerichtsbarkeit bezeichnet die Gesamtheit aller Gerichte und ihrer Organisationsstruktur.

b) 1. Allgemeiner Gerichtsstand

   Wohnort oder Firmensitz des Schuldners §§12,13 ZPO

   2. Besonderer Gerichtsstand

   gesetzlich ausdrücklich vorgeschriebene Gerichtsstände bei Verträgen zwischen Kaufläuten:

§20 ZPO nach Aufenthaltsort

§21 ZPO nach Ort der Niederlassung

§29 ZPO nach Erfüllungsort

3. Ausschließlicher Gerichtsstand

zwingend vorgeschriebener Gerichtsstand

§24 Abs.1 ZPO Ort des Grundstückes bei Grundstücksangelegenheiten

§29a ZPO Ort der Räumlichkeiten bei Miet- und Pachtstreitigkeiten

§39c ZPO Wohnsitz des Verbrauchers bei Haustürgeschäften

c) Die Gerichtsbarkeiten werden Unterschieden in:

1. **Ordentliche Gerichtsbarkeit**
   alle Gerichte für Straf- und Zivilsachen
2. **Arbeitsgerichtsbarkeit**
   alle Gerichte bei Streitigkeiten zwischen Arbeitnehmern und Arbeitgebern oder Tarifvertragsparteien
3. **Sozialgerichtsbarkeit**
   alle Gerichte für öffentlich- rechtliche Streitigkeiten zwischen Bürgern und Sozialversicherungsträgern
4. **Finanzgerichtsbarkeit**
   alle Gerichte für öffentlich- rechtliche Streitigkeiten bzgl. Steuer- und Abgabenrecht
5. **Verwaltungsgerichtsbarkeit**
   alle Gerichte für öffentlich- rechtliche Streitigkeiten zwischen Bürgern und Behörden (Staat), oder zwischen Behörden untereinander

Lösung 18 *Produkthaftung*

a) Herr Marek kann bei „BadMeier" im Zusammenhang mit dem Sachmangel auf Rückzahlung des Kaufpreises in Höhe von 1900 EUR pochen.

Rechtsgrundlage § 437, 440, 323, 346, 434 BGB.

Gegenüber „Hermann-Möbel" kann Herr Marek Renovierungskosten der Wohnung von 26.500 EUR gem. § 823 Abs. 1 BGB nach Grundsätzen der Produzentenhaftung geltend machen.

Nach §1 ProdHG kann Herr Marek auch die Renovierungskosten verlangen, allerdings um 500 EUR gekürzt durch eine Haftungsbeschränkung nach §11 ProdHG.

b) Frau Marek kann keine Ansprüche geltend machen, weil kein Vertrag zwischen Frau Marek und „BadMaier" besteht. Wenn Frau Marek auch Vertragspartner wäre, können nach § 437, 280 BGB die Behandlungskosten die Krankenhauskosten, das Schmerzensgeld, besonders wegen Schmerzen und Narben, und der entgangene Gewinn vom Umsatz eingefordert werden.

c)   Frau Marek kann folgende Ansprüche nach § 1 Abs. 1 ProdHG oder § 823 Abs. 1 BGB geltend machen: Behandlungskosten Krankenhaus, Schmerzensgeld, besonders wegen Schmerzen und Narben und entgangener Gewinn vom Umsatz 12.000 EUR.

Lösung 19   *Produkthaftung*

Nach § 1 Abs. 2 ProdHG

Die Ersatzpflicht des Herstellers ist ausgeschlossen, wenn

- er das Produkt nicht in den Verkehr gebracht hat,
- nach den Umständen davon auszugehen ist, dass das Produkt den Fehler, der den Schaden verursacht hat, noch nicht hatte, als der Hersteller es in den Verkehr brachte,
- er das Produkt weder für den Verkauf oder eine andere Form des Vertriebs mit wirtschaftlichem Zweck hergestellt, noch im Rahmen seiner beruflichen Tätigkeit hergestellt oder vertrieben hat,
- der Fehler darauf beruht, dass das Produkt in dem Zeitpunkt, in dem der Hersteller es in den Verkehr brachte, dazu zwingenden Rechtsvorschriften entsprochen hat, oder

der Fehler nach dem Stand der Wissenschaft und Technik in dem Zeitpunkt, in dem der Hersteller das Produkt in den Verkehr brachte, nicht erkannt werden konnte.

Lösung 20   *Kaufvertrag*

Verpflichtungsgeschäft ist das Rechtsgeschäft, mit dem man sich zur Erfüllung einer Leistung verpflichtet.

Das Erfüllungsgeschäft ist das Rechtsgeschäft, mit dem man die vertraglich zugesicherte Leistung erfüllt.

Lösung 21   *Kaufvertrag*

Rechte des Käufers bei Mängeln:
- Recht auf Nacherfüllung § 439 BGB
- Recht auf Rücktritt § 440 BGB
- Recht auf Minderung § 441 BGB
- Recht auf Schadensersatz § 280 BGB

Lösung 22   *AGB als Vertragsbestandteil*

Nach § 305 BGB muss für die Wirksamkeit der AGB folgendes erfüllt sein:

-   Auf die AGB muss bei Vertragsabschluss gegenüber der Vertragspartei ausdrücklich oder durch deutlich sichtbaren Aushang am Ort des Vertragsabschlusses hingewiesen werden.
-   Es muss der Vertragspartei die Möglichkeit gegeben werden, in zumutbarer Weise den Inhalt der AGB zur Kenntnis zu nehmen.
-   Der Vertragspartner muss mit den AGB einverstanden sein.

Nach § 305c BGB muss für die Unwirksamkeit der AGB folgendes erfüllt sein:

-   In den AGB sind so ungewöhnliche Bestimmungen enthalten, mit dem die Vertragspartei nicht rechnet.
-   In den AGB sind mehrdeutige Bestimmungen enthalten dessen Bedingungen nicht mehr klar erkennbar sind.

Nach § 307 BGB muss für die Unwirksamkeit der AGB folgendes erfüllt sein:

-   Wenn der Vertragspartner entgegen dem Gebot von Treu und Glauben unangemessen benachteiligt wird.

Lösung 23   *Verbrauchsgüterverkauf*

zu a)

Als Verbrauchsgüter werden allgemein Konsumgüter bezeichnet, welche kurzlebig sind und mit der einmaligen oder kurzweiligen Nutzung an Wert verlieren.

Der Verbrauchsgüterverkauf bezeichnet den Verkauf, also den Handel mit diesen Gütern. Beispiele für Verbrauchsgüter sind Lebensmittel, welche eingekauft und innerhalb eines kurzen Zeitraums konsumiert werden.

Verbrauchsgüter können sowohl in Privathaushalten, als auch in Unternehmen verwendet werden. Gebrauchsgüter hingegen verfügen über eine längere Lebensdauer und verlieren innerhalb der Nutzung nur geringfügig an Wert.

zu b)

-   Kauf von Immobilien
-   Kauf von Maschinen
-   Kauf von Werkzeugen

Lösung 24   *Umkehr der Beweislast*

Nach §476 BGB kann Herr Hallmann durchaus Gewährleistungsansprüche geltend machen, da der Verkäufer innerhalb der ersten 6 Monate nach Gefahrenübergang die Beweislast trägt.

Er muss also erst beweisen, dass Herr Hallmann den TV unsachgemäß benutzt und den TV funktionsfähig übergeben hat, um die Forderungen abzulehnen.

Lösung 25   *Miet- und Pachtvertrag*

zu a)

Nach § 535 BGB bezieht sich Miete nur auf Sachen und es wird ein Gebrauchsrecht gewährt. Nach § 581 BGB bezieht man sich bei der Pacht hingegen auf Gebrauch und Rechte. Bei der Pacht gewährt man den Gebrauch der Sache und den Genuss der Früchte.

zu b)

Da Familie Kern nur den Garten gemietet hat, gehört das Obst an den Bäumen nach § 535 BGB immer noch dem Vermieter. Möchte also Fam. Kern das Obst für sich behalten, hätten Sie den Garten pachten müssen.

Lösung 26   *Mietvertrag*

Nach § 536c BGB muss Herr Müller den Mangel anzeigen und kann nach § 536 BGB die Miete für die Zeit bis zur Mängelbeseitigung mindern da ein vertragsgemäßer Gebrauch der Mietsache nicht möglich ist.

Lösung 27   *Weiter Vertragsarten*

zu a)

Der Gegenstand des Dienstvertrags können Dienste jeder Art sein (§ 611 Abs. 2 BGB). Dienste im Allgemeinen sind Tätigkeiten für andere. Der Dienstverpflichtete schuldet den Arbeitseinsatz (Leistungshandlung). Ein konkretes Ergebnis (Leistungserfolg) schuldet er nicht. Ein Unterfall des Dienstvertrages ist der Arbeitsvertrag in dem „unselbständige Dienste" vereinbart werden. Durch den Werkvertrag wird der Unternehmer zur Herstellung des versprochenen Werkes verpflichtet (§ 631 Abs. 1 BGB). Gegenstand des Werkvertrags kann z.B. die Herstellung oder Veränderung einer Sache oder ein anderer durch Dienstleistung herbeizuführender Erfolg sein (§ 631 Abs. 2 BGB). Die Tätigkeit ist auf ein konkretes Ergebnis gerichtet

zu b)

Nach § 288 BGB wird durch den Darlehensvertrag der Darlehensgeber verpflichtet, dem Darlehensnehmer einen Geldbetrag in der vereinbarten Höhe zur Verfügung zu stellen. Der Darlehensnehmer ist verpflichtet, einen geschuldeten Zins zu zahlen und bei Fälligkeit das zur Verfügung gestellte Darlehen zurückzuzahlen. Die vereinbarten Zinsen sind, soweit nicht ein anderes bestimmt ist, nach dem Ablauf eines Jahres und, wenn das Darlehen vor dem Ablauf eines Jahres zurückzuzahlen ist, bei der Rückzahlung zu entrichten.

Lösung 28 *Kauf und Leasing*

zu a)

Ratenkauf ist nach § 507 BGB ein Teilzahlungsgeschäft wobei eine Teilzahlungsvereinbarung mit mindestens zwei Ratenzahlungen getroffen wird. Der Käufer wird Eigentümer der Sache. Nach § 506 BGB hat der Verbraucher Widerrufsrecht. Der Unternehmer kann nach § 498 BGB den Vertrag wegen Zahlungsverzuges kündigen, wenn der Verbraucher mindestens zwei aufeinanderfolgenden Teilzahlungen ganz oder teilweise im Verzug ist. Beim Leasing wird ein Verhältnis zwischen Leasing-Geber und Leasing-Nehmer vertraglich geregelt. Der Leasing-Geber bleibt Eigentümer der Sache und der Leasing-Nehmer wird Besitzer der Sache. Es werden Leasingraten, in der Regel monatlich vereinbart, die der Leasingnehmer zu entrichten hat.

zu b)

Man unterscheidet direktes Leasing, bei dem der Hersteller als Leasinggeber auftritt und indirektes Leasing, bei dem der Hersteller die Sache an eine Leasinggesellschaft liefert und diese dann als Leasing-Geber gegenüber dem Leasing-Nehmer auftritt.

Lösung 29 *Fernabsatzgeschäft*

zu a)

Bei einem Fernabsatzgeschäft handelt es sich gem. § 312c BGB um einen Verbrauchervertrag über die Lieferung von Waren oder (Finanz-)Dienstleistungen, welcher ausschließlich unter Zuhilfenahme von Fernkommunikationsmitteln zustande kommt.

zu b) Kommunikationsmittel im Fernabsatzgeschäft:

- Internet,

- Telefon, Fax,

- Katalog und Bestellkarte

- Brief und E-Mail

zu c) Informationspflichten der Unternehmer im Fernabsatzgeschäft:

- Identität des Unternehmers

- ladungsfähige Anschrift

- wesentliche Merkmale der Ware oder Dienstleistung die angeboten wird

- Widerrufs und Rückgaberechte

Lösung 30 *Elektronischer Geschäftsverkehr*

Ein elektronischer Geschäftsverkehr (E-Commerce) besteht, wenn ein Unternehmer Tele- oder Mediendienste zum Zwecke des Abschlusses von Verträgen über die Lieferung von Waren oder die Erbringung von Dienstleistungen über nutzt. § 312g BGB.

Lösung 31   *Leistungsstörung*

zu a)

Leistungsort ist der Ort an dem der Schuldner die Leistungshandlung erbringen muss. Die Leistungszeit bezeichnet den Zeitpunkt an dem der Schuldner frühestens leisten darf und den Zeitpunkt zu dem er leisten muss.

zu b)

Holschuld:

Bei der Holschuld ist der Leistungsort bei dem Schuldner, der Gläubiger ist also verpflichtet, die Sache bei dem Schuldner abzuholen.

Bringschuld:

Bei der Bringschuld ist der Leistungsort bei dem Gläubiger, der Schuldner ist also verpflichtet, die Sache zu dem Ort des Gläubigers zu bringen.

Schickschuld

Von einer Schickschuld spricht man, wenn der Schuldner, also derjenige, der die Leistung zu erbringen hat, nach dem Vertrag verpflichtet ist, die Leistung an den Gläubiger zu schicken oder zu senden. Ein Beispiel ist der Kauf über den Versandhandel.

zu c)

Stückschuld:

Bei einer Stückschuld wird ein bestimmter Gegenstand geschuldet, dieser ist auf Grund von individuellen Merkmalen bestimmbar. Es kommt den Parteien darauf an, dass gerade der konkrete Gegenstand geleistet wird.

Gattungsschuld:

Bei einer Gattungsschuld nach §243 BGB wird die Leistung nur nach allgemeinen Merkmalen bestimmt. Bei Gattungsschulden trägt der Schuldner das Beschaffungsrisiko.

Lösung 32   *Unmöglichkeit der Leistung*

zu a)

Objektive Unmöglichkeit ist gegeben, wenn die Leistung für Jedermann unmöglich ist. Keiner kann die Leistung erbringen (z.B : die Zerstörung einer einmaligen Sache, Kunstwerk).

Subjektive Unmöglichkeit ist gegeben, wenn die Leistung nur vom Schuldner nicht erbracht werden kann. Ein anderer hingegen kann die Leistung durchaus erbringen (z.B.: Verkauf des Eigentums eines Dritten, der aber nicht bereit ist, die Sache herauszugeben).

zu b)

Nach § 275 BGB ist anfängliche Unmöglichkeit gegeben, wenn das Leistungshindernis bereits zum Zeitpunkt des Vertragsschlusses besteht. Wie sich aus § 275 Abs. 1 BGB ergibt, hat der Schuldner bei anfänglicher Unmöglichkeit nicht mehr zu leisten. Gem. § 326 Abs. 1 S. 1 BGB entfällt der Anspruch auf die Gegenleistung.

zu c)

- rechtliche Unmöglichkeit
- Teilunmöglichkeit
- praktische Unmöglichkeit
- persönliche Unmöglichkeit

Lösung 33   *Mangel*

zu a) nach § 434 BGB

1.	Kartoffelsalat:	Qualitätsmangel, versteckter Mangel
2.	Äpfel:	Qualitätsmangel, Beschaffenheitsmangel, offener Mangel
3.	Hackfleisch:	Falschlieferung
4.	Roastbeef:	Qualitätsmangel, Minderlieferung
5.	Tischdecken:	Qualitätsmangel, Beschaffenheitsmangel, offener Mangel

b) nach § 439 BGB

1.	Kartoffelsalat:	Anspruch auf Neulieferung
2.	Äpfel:	Anspruch auf Neulieferung oder Umtausch
3.	Hackfleisch:	Anspruch auf Neulieferung
4.	Roastbeef:	Anspruch auf Nachlieferung
5.	Tischdecken:	Anspruch auf Neulieferung oder Umtausch

Lösung 34   *Verzug*

zu a) Anforderungen zum Gläubigerverzug nach § 294 BGB

- die geschuldete Lieferung muss fällig sein
- die Lieferung muss tatsächlich angeboten werden
- die Leistung wurde nicht angenommen

zu b) nach § 373 HGB

- Verkäufer darf die Ware auf dessen Gefahr öffentlich einlagern
- Verkäufer kann die Ware in eigener Verwahrung halten
- Verkäufer darf die Ware unter Voraussetzungen verkaufen oder versteigern lassen

nach § 374 HGB

- Verkäufer kann vom Vertrag zurücktreten
- Verkäufer kann gegen den Käufer auf Abnahme der Ware klagen

Lösung 35 *Eigentum*

Der Eigentümer einer Sache kann mit der Sache nach Belieben verfahren und andere von jeder Einwirkung ausschließen.

Der Besitz einer Sache wird durch die Erlangung der tatsächlichen Gewalt über die Sache erworben. Die Einigung des bisherigen Besitzers und des Erwerbers genügt zum Erwerb, wenn der Erwerber in der Lage ist, die Gewalt über die Sache auszuüben.

Lösung 36 *Eigentum*

Eigentumsübertragung von Sachen nach § 929 BGB:

- Es muss eine Einigung über den Eigentumsübergang und die Übergabe der Sache geschehen.
- Eine Einigung über den Eigentumsübergang alleine ist dann möglich, wenn der Erwerber bereits im Besitz der Sache ist.

Eigentumsübertragung von Grundstücken nach § 873 BGB:

- Zur Übertragung des Eigentums an einem Grundstück ist die Einigung des Berechtigten und des anderen Teils über den Eintritt der Rechtsänderung und die Eintragung der Rechtsänderung in das Grundbuch erforderlich.

Lösung 37 *Gutgläubiger Eigentumserwerb*

Der Nachbar hat Klaus für den rechtmäßigen Eigentümer gehalten und in seinem Sinne nach „gutem Glauben" das Rad erworben.

Da Klaus aber das Rad von Herrn Meier gestohlen hatte, muss nach § 935 BGB das Rad wieder an Herrn Meier zurückgegeben werden, da es sich um „keinen gutgläubigen Eigentumserwerb" handelt.

Lösung 38 *Besitz*

unmittelbarer Besitz:

Unmittelbarer Besitzer ist, wer die tatsächliche Gewalt über eine Sache ausübt (§ 854 BGB).

mittelbarer Besitz:

Mittelbarer Besitzer ist wer den Besitz durch die Vermittlung des unmittelbaren Besitzers ausübt (§ 868 BGB).

Der mittelbare Besitzer kann nicht direkt auf die Sache zugreifen, sondern ist dafür auf den unmittelbaren Besitzer („Besitzmittler") angewiesen (z.b. Vermieter – Mieter).

Lösung 39   *Bürgschaften*

zu a) nach § 771 BGB

Gewöhnliche Bürgschaft: Hier muss der Bürge erst an den Gläubiger zahlen, wenn der Gläubiger eine erfolglose Zwangsvollstreckung auf das Vermögen des Hauptschuldners veranlasst hat.

Selbstschuldnerische Bürgschaft: Hier hat der Bürge an den Gläubiger zu zahlen, wenn der Schuldner seinen Zahlungsverpflichtungen nicht mehr nachkommt. Eine vorherige erfolglose Zwangsvollstreckung ist nicht notwendig.

zu b) nach § 771 BGB

Mitbürgschaft: Mehrere Bürgen haften für die Gesamtschuld.

Nachbürgschaft: Haften, wenn Hauptbürgen nicht zahlen können.

Rückbürgschaft: Haftet gegenüber dem Hauptbürgen, wenn dieser aus seiner Bürgschaft heraus Zahlungen leisten musste.

Lösung 40   *Garantien*

Beschreiben Sie die Begriffe

Anzahlungsgarantie: Durch sie wird einem Besteller, der eine Anzahlung auf eine Lieferung geleistet hat, die Sicherheit gegeben, dass er bei Nichterfüllung des Vertrages durch den Lieferanten seine Anzahlung zurückerhält.

Bietungsgarantie: Dient zur Abdeckung einer Vertragsstrafe bei Zurückziehung oder Änderung des Angebots während der Ausschreibungsphase bzw. der Nichtannahme nach Zuschlagserteilung durch Auftragnehmer.

Gewährleistungsgarantie: Sichert gegen finanzielle Nachteile für den Fall ab, dass der Auftraggeber der Garantie seinen vertraglich vereinbarten Gewährleistungspflichten nicht nachkommt.

Lösung 41   *Eigentumsvorbehalt*

Der Eigentumsvorbehalt ist nach § 449 BGB eine dingliche Eigentumsverschiebung unter der aufschiebenden Bedingung der vollständigen Kaufpreiszahlung. Das bedeutet, dass die Sache solange Eigentum des Verkäufers bleibt, bis der Kaufpreis voll gezahlt wurde.

Lösung 42   *Eigentumsvorbehalt*

zu a) nach § 449 BGB

Einfacher Eigentumsvorbehalt:

Der Verkäufer bleibt bis zur Zahlung der Sache Eigentümer und kann bei Nichtzahlung die Herausgabe der Sache fordern.

verlängerten Eigentumsvorbehalt

Soll verhindern, dass der Eigentumsvorbehalt durch Verarbeitung der Sache oder Weiterverkauf der Sache nicht mehr wirkt. Hier werden also Vereinbarungen getroffen, die über die eigentlichen Besitz- und Eigentumsverhältnisse hinausgehen.

zu b) nach § 449 BGB

Die Wirkung des einfachen Eigentumsvorbehaltes erlischt, wenn die Sache (Ware) verarbeitet oder mit anderen Gegenständen verbunden wird, oder ein wesentlicher Teil eines Grundstückes bebaut wird oder gutgläubig von einem Dritten erworben wurde.

Lösung 43   *Pfandrecht an beweglichen Sachen*

Folgende Voraussetzungen müssen nach BGB für das Pfandrecht erfüllt sein:

- Es muss eine Forderung vorliegen auf die sich das Pfandrecht bezieht.

- Es muss eine Einigung vorliegen, dass das Pfandrecht dem Gläubiger zusteht.

- Die Pfandsache muss abgetreten werden, Eigentümer bleibt der Schuldner der Besitz geht auf den Gläubiger über.

Lösung 44   *Sicherheitsübereignung*

Der LKW bleibt nach § 930 BGB in unmittelbaren Besitz des Fuhrparkes. Die Bank erwirbt nur den mittelbaren Besitz an dem Fahrzeug.

Das Fuhrparkunternehmen darf in diesem Falle den LKW nutzen, allerdings darf er nicht rechtlich darüber verfügen (v.a. darf er ihn nicht verkaufen), da die Bank durch die Sicherungsübereignung der rechtliche Eigentümer ist.

Lösung 45   *Sicherungsabtretung*

Nach § 400 BGB sind Abtretungen nicht pfändbarer Forderungen wie Löhne und Gehälter innerhalb der Pfändungsfreigrenzen verboten.

Lösung 46 *Grundpfandrechte*

zu a) nach §§ 1113 -1190 BGB

Die Grundschuld ist wie die Hypothek ein Grundpfandrecht, weist aber folgende Unterschiede auf:

Während ein Hypothekendarlehen mit Grundpfandrecht an eine konkrete Forderung gebunden ist, ist es die Grundschuld nicht.

Die Hypothek mit Grundpfandrecht sinkt mit der allmählichen Tilgung des Darlehens – in gleichem Maße wie auch die Darlehensschuld weniger wird.

Bei der Grundschuld hingegen reduziert sich hier ebenfalls Ihre Darlehensschuld, die Grundschuld aber bleibt in vollem Umfang bestehen.

Sobald Sie beim Hypothekendarlehen die letzte Rate gezahlt haben und die Schuld beglichen ist, erlischt die Hypothek.

zu b) Arten der Grundschuld

- Briefgrundschuld
- Buchgrundschuld
- Eigentümergrundschuld

Lösung 47 *Insolvenzrecht*

Gründe für die Eröffnung eines Insolvenzverfahrens nach § 17 InsO:

- akute Zahlungsunfähigkeit des Schuldners
- drohende Zahlungsunfähigkeit des Schuldners
- Überschuldung bei einer Juristischen Person

Lösung 48 *Insolvenzrecht*

aussonderungsberechtigter Gläubiger

Die Aussonderung wird vorgenommen, wenn Vermögensgegenstände, die nicht dem Schuldner gehören wieder aus der Insolvenzmasse herausgezogen werden, da sie nicht Teil der Insolvenzmasse werden können. Aussonderungsrecht steht nur dem eigentlichen Eigentümer einer Sache zu.

absonderungsberechtigter Gläubiger

Hier werden aufgrund von Hypotheken, Grundschuld oder Pfandrecht Gegenstände von der eigentlichen Insolvenzmasse abgesondert. Diese werden dann verwertet und die gesicherten Forderungen der Gläubiger beglichen. Der verbleibende Resterlös aus der Verwertung geht in die Insolvenzmasse ein.

Lösung 49   *Insolvenzrecht*

Die Insolvenzquote beziffert in Prozent den Anteil der Gläubigerbefriedigung nach Abschluss des Insolvenzverfahrens. Sie sagt aus, wie viel Prozent jeder Gläubiger auf den festgestellten Anteil der von ihm angemeldeten Forderung erhält.

Lösung 50   *Restschuld-Befreiungsverfahren*

Nach Abschluss eines Insolvenzverfahrens kann das Insolvenzgericht Schuldnern, wenn sie natürliche Personen sind, auf Antrag die restlichen Schulden erlassen.

Vor dem Schuldenerlass haben Schuldner sich allerdings redlich um die Abtragung ihrer Schulden zu bemühen.

Sechs Jahre lang müssen Arbeitseinkommen und ähnliche laufende Bezüge einer einem Treuhänder für die Tilgung der Schulden zur Verfügung gestellt werden.

Die Wohlverhaltenszeit beträgt 6 Jahre in dem der Schuldner

- eine angemessene Erwerbstätigkeit ausübt
- keine zumutbare Tätigkeit ablehnt
- Vermögen, das sie von Todes wegen oder mit Rücksicht auf ein künftiges Erbrecht erwirbt, zur Hälfte des Wertes an die Treuhänderin oder den Treuhänder herausgibt
- jeden Wechsel des Wohnsitzes oder der Beschäftigungsstelle unverzüglich dem Insolvenzgericht und dem Treuhänder anzeigt
- dem Gericht und dem Treuhänder keine von der Abtretungserklärung erfassten Bezüge und kein Vermögen, das sie von Tod wegen oder mit Rücksicht auf ein künftiges Erbrecht erwirbt, nicht verheimlicht
- dem Gericht und der Treuhänderin oder dem Treuhänder auf Verlangen Auskunft über Erwerbstätigkeit oder Bemühungen um eine solche sowie über Bezüge und Vermögen erteilt

Lösung 51   *Kaufmann*

Recht auf:

- Führung einer Firma
- Ernennung von Prokuristen
- mündliche Erteilung einer Bürgschaftserklärung

Plicht zur:

- Eintragung im Handelsregister
- Buchführung
- unverzüglichen Untersuchungs- und Rügepflicht

Ist-Kaufmann:

Der Ist-Kaufmann betreibt ein Handelsgewerbe und verfügt über angemessene sachliche und personelle Ausstattung zur Erfüllung seiner wirtschaftlichen Tätigkeiten.

Form Kaufmann:

Stellt eine Handelsgesellschaft dar, dessen Kaufmanneigenschaften kraft Gesetztes zustande kommen. Personengesellschaften oder Kapitalgesellschaften kommen hier zum Tragen.

Lösung 52   *Prokurist*

zu a)

Das Erlangen von Prokura geht nach § 53 HGB nur über die Ernennung durch den Kaufmann und die Eintragung des Prokuristen im Handelsregister.

zu b) nach §48 HGB

Einzelprokura: Zur Ausübung der Vertretung allein berechtigt; unterschriftsberechtigt.

Gesamtprokura: Zwei oder mehrere Prokuristen dürfen Vertretung nur gemeinsam ausüben.

Filialprokura: Prokura ist auf die Vertretungsvollmacht auf eine einzelne Filiale des Unternehmens beschränkt.

zu c) Nach § 49 HGB ist es einem Prokuristen erlaubt:

- Handlungsvollmachten zu erteilen
- Prozesse für die Firma zu führen
- Betriebsdarlehen aufzunehmen
- Betriebsgrundstücke zu erwerben

zu d) nach § 49 HGB ist es einem Prokuristen untersagt:

- Grundstücke der Firma zu belasten oder zu verkaufen
- Rechtshandlungen vorzunehmen, die ausschließlich ein Kaufmann vornehmen darf
- Privatgeschäfte für den Kaufmann abzuschließen
- keinen weiteren Prokuristen ernennen

Lösung 53   *Handlungsbevollmächtigter*

Der Handlungsbevollmächtigte bedarf einer Erteilung durch den Geschäftsinhaber oder einen seiner Vertreter (Prokurist).

Es bedarf im Gegensatz zum Prokuristen, keine Eintragung der Handlungsvollmacht im Handelsregister. Er darf keine Belastung oder Veräußerung von Grundstücken, Wechselverbindlichkeiten, Darlehen oder Prozessführung durchführen.

Er ist berechtigt zur Erledigung einzelner oder der Art nach bestimmten Geschäften und Rechtshandlungen, die ein derartiges Handelsgewerbe gewöhnlich mit sich bringt.

Lösung 54   *Handelsregister*

zu a)

Das Handelsregister wird zum Zweck der Erhöhung der Rechtssicherheit geführt. Durch die Veröffentlichung des Handelsregisters kann Jeder Dokumente zu Informationszwecken einsehen.

zu b)

Folgende Inhalte müssen im Handelsregister für Einzelunternehmen und Personengesellschaften eingetragen werden:

- Firma
- Sitz der Gesellschaft
- Gegenstand des Unternehmens
- Name der Geschäftsinhaber
- Namen der persönlich haftenden Gesellschafter
- Namen der Prokuristen
- die Rechtsform der Firma

Lösung 55   *Handelsvertreter*

Die Vertragsgrundlage zwischen Unternehmer und Handelsvertreter ist nach § 84 HGB der Dienstvertrag, dessen Inhalt die Besorgung von Geschäften zum Gegenstand hat.

Rechte des Handelsmaklers:

- Anspruch auf Provision
- Ausgleichsanspruch nach Beendigung des Vertragsverhältnisses
- Anspruch auf Delkredereprovision für seine Erklärung für die Erfüllung bestimmter Geschäfte einzustehen

Pflichten des Handelsvertreters:

- muss sich um die Vermittlung und Abschluss von Geschäften bemühen
- muss den Unternehmer unverzüglich über der Stand der Vermittlung oder Abschluss unterrichten
- muss seine Pflichten mit der Sorgfalt eines ordentlichen Kaufmannes wahrnehmen
- muss verschwiegen sein

Lösung 56 *Handelsmakler*

Im Gegensatz zum Handelsvertreter übernimmt der Handelsmakler gewerbsmäßig die Vermittlung von Verträgen für andere Personen.

Er wird nicht ständig vom Unternehmer mit der Vermittlung betraut.

Beispiele für Vermittlung:

-   Anschaffung von Wertpapieren
-   Versicherungen
-   Schiffsmiete

Lösung 57 *Arbeitsrecht*

Im individuellen Arbeitsrecht wird die Einzelbeziehung zwischen AN und AG geregelt und findet im Arbeitsverhältnis Anwendung.

Das kollektive Arbeitsrecht hingegen bezieht sich nicht auf einzelne Arbeitnehmer, sondern wird als Recht zwischen Sozialpartnern im Gesamten angesehen. Gewerkschaften und andere Arbeitsverbände, die die Interessen der Arbeitnehmer vertreten, stehen hier den Arbeitgebern gegenüber.

Lösung 58 *Arbeitsvertrag*

Beim Abschluss von Arbeitsverträgen ist zu beachten:

-   Anhörung des Betriebsrates § 99 BetrVG
-   Tarifverträge
-   Arbeitnehmerschutzgesetze (Arbeitszeitgesetz, Bundesurlaubsgesetz...)
-   Jugendarbeitsschutzgesetz, Entgeltfortzahlungsgesetz, Kündigungsschutzgesetz...)

Lösung 59 *Arbeitsvertrag*

Anspruch auf Vergütung ohne Leistung haben Arbeitnehmer bei z.B.:

-   Krankheit §3 Abs 1 Entgelt FZG   -Erholungsurlaub §1,3,4 BurlG
-   Feiertage §2 Entgelt FZG   -Annahmeverzug der Leistung §615 BGB

Lösung 60 *Urlaubsanspruch*

Nach § 3 BUrlG, stehen dem Arbeitnehmer ein Mindesturlaub von 24 Werktagen pro Jahr zu und kann nur zugunsten des Arbeitnehmers geändert werden.

Die Vereinbarung ist somit unwirksam, da der Arbeitnehmer Meier hier benachteiligt werden würde.

Lösung 61   *Schwerbehinderte*

Nach § 71 SGB IX muss ein Unternehmen, in dem jährlich mind. 20 Arbeitsplätze bestehen, auf mindestens 5 % der Stellen Schwerbehinderte beschäftigen.

Wird vom Unternehmen diese Quote nicht eingehalten, verlangt der Gesetzgeber eine Ausgleichsabgabe, wenn nicht genügend Schwerbehinderte beschäftigt werden.

Lösung 62   *Einstellungsgespräch*

zu a)

Die Frage nach Schulbildung hat für den Arbeitgeber und den Arbeitsplatz ein berechtigtes Interesse. Die Frage ist zulässig.

Die Frage nach der Schwangerschaft ist nach der aktuellen Rechtsprechung grundsätzlich unzulässig.

Ob die Bewerberin Verhütungsmittel zu sich nimmt, ist ebenfalls eine unzulässige Frage, da sie ausschließlich den Privatbereich betrifft.

zu b)

Die Bewerberin muss zulässige Fragen wahrheitsgemäß beantworten. Bei unzulässigen Fragen hat sie ein Recht die Antworten zu verweigern oder die Unwahrheit zu sagen, ohne dass sich für sie ein Nachteil zur Beurteilung ergibt.

Lösung 63   *Kündigung des Arbeitsverhältnisses*

Nach § 622 (1) BGB besteht eine 4wöchige Kündigungsfrist zum Monatsende oder 15. des Monats. Demnach wäre die Kündigung fristgerecht.

Nach § 622 (2) BGB sind abhängig von der Betriebszughörigkeit andere Fristen für Kündigungen durch den Arbeitgeber geregelt.

Bei 6 Jahren Betriebszugehörigkeit beträgt die Kündigungsfrist 2 Monate und somit ist die Kündigung rechtlich nicht vereinbar.

Lösung 64   *Kündigung des Arbeitsverhältnisses*

Eine fristlose Kündigung kann nach § 626 BGB aus wichtigem Grund erfolgen.

Diebstahl ist ein solcher Grund und rechtfertigt eine fristlose Kündigung.

Nach § 626 (2) BGB muss die Kündigung allerdings innerhalb von zwei Wochen nach dem Vorfall erfolgen, da sonst die Kündigung unwirksam wird.

Lösung 65   *Betriebsrat*

zu a)

Nach §1 BetrVG kann in Betrieben von mindestens 5 ständig wahlberechtigten Arbeitnehmern, von denen 3 wählbar sind ein Betriebsrat gewählt werden.

zu b)

Nach § 7 BetrVG sind alle Arbeitnehmer des Betriebes, die das 18 Lebensjahr vollendet haben wahlberechtigt. Dies gilt auch für Leiharbeitnehmer, wenn sie länger als 3 Monate im Betrieb tätig sind.

zu c)

Nach §8 BetrVG sind alle Wahlberechtigte des Betriebes, wenn sie dem Betrieb bereits sechs Monate angehören.

zu d) z.B.:

- Überwachung von Gesetzen und Verordnungen
- Durchsetzung der Gleichstellung aller Arbeitnehmer nach AGG
- Förderung und Sicherung der Beschäftigung
- Förderung von Maßnahmen des Arbeits- und Umweltschutzes

Lösung 66   *Betriebsrat Mitwirkungsrechte*

Informationsrecht nach   § 81 BetrVG

Vorschlagsrecht nach   § 92 BetrVG

Antragsrecht nach   § 80 BetrVG

Beratungsrecht nach   § 90 BetrVG

Anhörungsrecht nach   § 102 BetrVG

Lösung 67   *Betriebsvereinbarungen*

zu a)

Betriebsvereinbarungen werden zwischen Betriebsrat und dem Arbeitgeber getroffen. Diese Vereinbarungen bedürfen der Schriftform.

zu b)

Gegenstände von Betriebsvereinbarungen können sein:

- Verhütung von Arbeitsunfällen und Gesundheitsrisiken
- Errichtung von Sozialeinrichtungen
- Vermögensbildende Maßnahmen
- Datenschutzregelungen
- Altersversorgung

Lösung 68   *Einigungsstelle*

Die Einigungsstelle kann bei Meinungsverschiedenheiten zwischen Arbeitgeber und Betriebsrat gebildet werden. Sie dient dem Interessensausgleich der Parteien und besteht aus gleicher Anzahl von Beisitzern jeder Interessensgruppe.

Auf eine unparteiische Person, die den Vorsitz dieser Einigungsstelle übernimmt, müssen sich beide Parteien einigen.

Lösung 69   *Arbeitsstättenverordnung*

Plichten des Arbeitgebers aus der Arbeitsstättenverordnung:
- muss sicherstellen, dass die Arbeitsstätte instandgehalten wird
- muss festgestellte Mängel umgehend beseitigen oder beseitigen lassen
- muss Sicherheitseinrichtungen regelmäßig warten
- muss Verkehrs- und Fluchtwege freihalten
- muss Mittel und Einrichtungen zur ersten Hilfe bereitstellen
- muss persönliche Schutzausrüstung für die Arbeitnehmer stellen

Lösung 70   *Betriebsarzt*

Unterstützung der Arbeitgeber nach § 3 ArbSichG durch:
- Beratung der Arbeitgeber
- Untersuchung und arbeitsmedizinischer Beurteilung
- Beobachtung der Durchführung des Arbeitsschutzes
- Hinwirken auf richtiges Verhalten der Mitarbeiter im Arbeitsschutz

Lösung 71   *Arbeitszeitgesetz*

Die Regelarbeitszeit beträgt 8 Stunden und kann auf 10 Stunden verlängert werden, wenn innerhalb von 6 Kalendermonaten oder 24 Wochen im Durchschnitt 8 h nicht überschritten werden.

Ruhepausen von 30 Minuten bei einer Arbeitszeit von 6 bis 9 Stunden. 45 Minuten Ruhepausen bei Arbeiten über 9 Stunden.

Ruhezeiten betragen 11 Stunden nach Beendigung der täglichen Arbeitszeit. Diese 11 Stunden dürfen nicht durch eine arbeitende Tätigkeit unterbrochen werden. Ausnahmen bestehen in Krankenhäusern etc.

Nachtarbeit umfasst mehr als 2 Stunden der Nachtzeit zwischen 23:00 Uhr und 6:00 Uhr. Sie beträgt 8 Stunden und kann auf 10 Stunden verlängert werden, wenn innerhalb von 1 Kalendermonat oder 4 Wochen im Durchschnitt 8 h nicht überschritten werden.

Lösung 72   Unlauterer Wettbewerb

Beispiele für unlauteren Wettbewerb:

- Wenn Waren, Kennzeichen oder Dienstleistungen eines Wettbewerbers verunglimpft werden.

- Behaupten von unwahrer oder schädigender Tatsachen über Waren, Kennzeichen oder Dienstleistungen eines Mitbewerbers.

Angebote von Ware und Dienstleistungen, die von einem Mittbewerber nachgebildet werden.

Lösung 73   Irreführende Werbung

Werbung gilt nach §5 UWG als irreführend wenn:

- sie unwahre Angaben über wesentliche Merkmale der Ware macht

- sie unwahre Angaben über den Anlass des Verkaufes, den Preis und seine Berechnung macht

- sie unwahre Angaben über die Personen, Identitäten oder Rechte des Unternehmens macht

- sie unwahre Angaben über die Rechte der Verbraucher oder Garantieversprechen macht

Lösung 74   Unzumutbare Belästigung

Nach §7 UWG sind unzumutbare Belästigungen:

- Werbung, die hartnäckig durch Ansprache erfolgt, obwohl der Verbraucher diese erkennbar nicht wünscht

- Werbung, über Telefon ohne die vorherige Einwilligung des Verbrauchers

- Werbung durch Anrufmaschinen oder Faxgeräte, ohne vorherige ausdrückliche Einwilligung des Verbrauchers

- Werbung durch Nachrichten, die den Absender absichtlich verschleiert oder verheimlicht

- Werbung durch Nachrichten, ohne gültige Adresse

Lösung 75   Rechtsfolgen unlauteren Wettbewerbs

Nach § 9 UWG kann ein Unternehmen zum Schadensersetz verpflichtet werden, wenn es vorsätzlich oder fahrlässig unzulässige Handlungen vornimmt und dadurch dem Mitbewerber ein Schaden entsteht. Eine Gewinnabschöpfung erfolgt nach § 10 UWG, wenn ein Unternehmen vorsätzlich durch eine unzulässige Handlung zulasten einer Vielzahl von Abnehmern einen Gewinn erzielt. Der Geschädigte kann den erzielten Gewinn geltend machen.

Lösung 76 *Gesetz gegen Wettbewerbsbeschränkung*

Nach § 19 GWB sind missbräuchliche Ausnutzung einer marktbeherrschenden Stellung, wenn:

- Ein Unternehmen behindert ein anderes Unternehmen oder behandelt es ohne sachlichen Grund anders als gleichartige Unternehmen.

- Ein Unternehmen fordert Entgelte oder Geschäftsbedingungen, die von denjenigen abweichen, die sich bei wirksamem Wettbewerb ergeben würden.

- Ein Unternehmen fordert ungünstige Entgelte oder Geschäftsbedingungen als es selbst bei vergleichbaren Märkten oder gleichartigen Anbietern beansprucht.

- Ein Unternehmen verweigert anderen Unternehmen den Zugang zu eigenen Netzen oder Infrastruktureinrichtungen gegen ein angemessenes Entgelt, obwohl die Unternehmen darauf angewiesen sind.

Lösung 77 *Gesetz gegen Wettbewerbsbeschränkung*

Maßnahmen nach § 32 GWB und § 33 GWB:
- Abstellung und nachträgliche Feststellung von Zuwiderhandlungen
- Anordnung einstweiliger Maßnahmen
- Entziehung der Freistellung
- Untersuchung einzelner Wirtschaftszweige und Vereinbarungen
- Verpflichten von Schadensersatz
- Verpflichtung zur Beseitigung oder Unterlassung
- Vorteilsabschöpfung

Lösung 78 *Gewerbeordnung*

Die Gewerbeordnung umfasst Vorschriften zu den Gewerbearten stehendes Gewerbe, Reisegewerbe und Marktgewerbe. Vorschriften für Arbeitnehmer bezüglich der Arbeitsverträge, Weisungsrechte, Arbeitsentgelte, Wettbewerbsverbote usw. Des Weiteren enthält die Gewerbeordnung noch Straf- und Bußgeldbestimmungen.

Lösung 79 *Erlaubnispflicht*

- Privatkrankenanstalten
- Versicherungsvermittler
- Bewachungsgewerbe
- Pfandleihgewerbe

Lösung 80   *Überwachungsbedürftige Gewerbe*

Herr Karl muss ein Führungszeugnis und einen Auszug aus dem Gewerbezentralregister vorlegen, um die Zuverlässigkeit des Gewerbetreibenden zu bestätigen.

Lösung 81   *Sonderreglungen*

Sonderreglungen die das GWO ergänzen, sind die Handwerksordnung HWO und das Ladenschutzgesetz das die Ladenöffnungszeiten regelt. Auch das Güterkraftverkehrsgesetz und das Personenbeförderungsgesetz gehören zu den Ergänzungen.

Lösung 82   *Steuern*

zu a)

Steuern sind ausschließlich geldliche Leistungen, diese werden von öffentlich-rechtlichen Gemeinwesen erhoben und werden allen Steuerbürgern auferlegt.

zu b)

Ziele der Steuererhebung:

- Erzielen von Einnahmen zur Deckung des öffentlichen Finanzbedarfs
- die Umverteilung von Einkommen und Vermögen
- die Stärkung des Wettbewerbs und die Förderung der Konjunktur
- Energieeinsparung und Verbesserung des Umweltschutzes

zu c)

weiteren Arten von Abgaben:

- Gebühren
- Sonderabgaben
- Steuerliche Nebenleistungen wie Verspätungszuschläge oder Säumniszuschläge

Lösung 83   *Steuern*

Die direkte Steuer erklärt sich dadurch, dass der Steuerschuldner gleichzeitig der Steuerträger ist und somit die Steuer unmittelbar beim Steuerschuldner erhoben wird.

Beispiele: Einkommenssteuer, Erbschaftssteuer, KFZ-Steuer

Bei der indirekten Steuer ist der Steuerschuldner nicht gleichzeitig der Steuerträger. Die Steuer wird hier auf einen Dritten abgewälzt und nicht vom Steuerträger an die Finanzbehörden abgeführt.

Beispiele: Umsatzsteuer, Tabaksteuer

Lösung 84 *Steuerschuld*

Die Steuerschuld ist die durch Gesetze begründete Pflicht zur Steuerzahlung. Aus dieser Pflicht ergibt sich auch die Buchführungs-, Mitwirkungs-, und Erklärungspflicht.

Lösung 85 *Steuerliche Buchführungspflicht*

Die originäre Buchführungspflicht nach §238 HGB ist die allgemeine Pflicht für Kaufleute regelmäßige Abschlüsse, aufgrund jährlicher Bestandsaufnahmen, zu erstellen.

Die derivative Buchführungspflicht nach § 140 AO ist eine Ergänzung zur originären Buchführungspflicht und besagt, dass auch Steuerpflichtige, die keine Kaufleute im Sinne des HGB darstellen zur Buchführung verpflichtet sind.

Lösung 86 *Einkommensteuer*

Die Steuerplicht einer Person beginnt mit Vollendung der Geburt.

Lösung 87 *Einkommensteuer*

Die unbeschränkte Steuerpflicht nach § 1 Abs. 1 EStG gilt für natürliche Personen, die im Inland ihren Wohnsitz oder ihren gewöhnlichen Aufenthalt haben.

Die beschränkte Steuerpflicht bezieht sich nach § 1 Abs. 4 EStG hingegen auf natürliche Personen, die im Inland weder einen Wohnsitz noch einen gewöhnlichen Aufenthaltsort haben, aber Einkünfte im Inland beziehen. Beispiel: Ein Handwerker wohnt in Dänemark arbeitet in einer Werkstatt in Deutschland.

Lösung 88 *Bemessungsgrundlage der Einkünfte*

Die Summe der Einkünfte wird als erstes um mögliche Entlastungsbeträge für Alleinerziehende und Altersentlastungsbeträge und den Freibetrag für Land und Forstwirte vermindert. Der daraus resultierte Gesamtbetrag der Einkünfte wird um die Sonderausgaben und außergewöhnlichen Belastungen vermindert dies ergibt das Einkommen. Das Einkommen wird nun noch einmal um den Kinderfreibetrag vermindert und zum „zu versteuernden Einkommen".

Lösung 89 *Gewinnermittlung*

Betriebsausgaben

- Wareneinkauf
- Büromaterial
- Gehälter

Werbungskosten
- Berufsbekleidung
- Verpflegungsmehraufwendungen
- Fortbildungskosten

Sonderausgaben
- Altersvorsorge
- Versicherungen gegen Arbeitslosigkeit
- Unfallversicherungen

außergewöhnliche Belastungen
- Krankheitskosten
- Beerdigungskosten
- Behinderungen

Lösung 90   *Einkommensteuertarif*

Der Einkommensteuertarif ist der in Prozent angegebene Steuersatz zur Berechnung der Einkommensteuer.

Lösung 91   *Lohnsteuerklassen*

Steuerklasse I:
ledige Arbeitnehmer

Steuerklasse II:
alleinerziehende Arbeitnehmer (kein weiteres Familienmitglied über 18 Jahren)

Steuerklasse III:
verheiratete Arbeitnehmer, nicht dauernd getrennt lebend

Steuerklasse IV:
verheiratete Arbeitnehmer, die beide annähernd gleich verdienen

Steuerklasse V:
verheiratete Arbeitnehmer, bei dem ein Partner Steuerklasse III beantragt hat

Steuerklasse VI:
Arbeitnehmer, die von mehreren Arbeitgebern Arbeitslohn beziehen

Lösung 92   *Körperschaftssteuer*

Nach § 1 KStG sind Kapitalgesellschaften wie GmbH, AG, sonstige juristische Personen des privaten Rechts wie eingetragene Vereine und Betriebe gewerblicher Art der öffentlichen Hand wie Kammern und Innungen Körperschaftssteuerpflichtig.

Lösung 93 *Körperschaftssteuer*

Die Steuerbefreiung von der sachlichen Steuerpflicht betreffen gesetzlich begüns-
tigte Tätigkeiten wie Einnahmen aus Mitgliedsbeiträgen.

Bei Steuerbefreiung von der persönlichen Steuerpflicht werden sämtliche Einkünfte
von der Besteuerung ausgenommen. Ein Beispiel wären Unternehmen von Bund
und Ländern, die gänzlich von der Körperschaftssteuer befreit sind.

Lösung 94 *Körperschaftssteuer*

Die erste Grenze nach §9 EStG wird bis 20 % des Einkommens vorgegeben. Eine weitere Grenze geht bis 4% der Summe vom Umsatz, Löhnen und Gehältern.

Lösung 95 *Gewerbesteuer*

Schema

    Gewinn

\+   Hinzurechnungen

\-   Kürzungen

\=   maßgebender Gewerbeertrag vor Rundungen

\-   Gewerbeverlustabzug

\=   verbleibender Gewerbeertrag (Abrundung auf volle 100€)

\-   Freibetrag von 24.000 € für natürliche Personen

\=   steuerpflichtiger Gewerbeertrag

*   Steuermesszahl 3,5 %

\=   Steuermessbetrag

*   Hebesatz der Gemeinde

\=   Gewerbesteuer

Lösung 96 *Gewerbesteuer*

Zu einer Zerlegung des Steuermessbetrages kommt es nach §§ 28-31 GewStG, wenn
ein Gewerbebetrieb mehrere Betriebsstätten in unterschiedlichen Gemeinden un-
terhält.

Lösung 97 *Kapitalertragssteuer*

Nach § 20 EStG

\-   Erträge aus einer stillen Gesellschaftsbeteiligung

\-   Erträge aus Grundpfandrechten

- Stillhalteprämien aus Optionen
- Veräußerung von Geschäftsanteilen

Lösung 98 *Kapitalertragssteuer*

Freistellungsaufträge können bei Kreditinstituten für Sparer und Anleger gestellt und so von der Höhe des Freistellungsauftrages von der Körperschaftssteuer befreit werden (max. 801 € bzw. 1602 €).

Der Freistellungsauftrag muss die Steueridentifikationsnummer des Antragstellers enthalten.

Lösung 99 *Umsatzsteuer*

Die Umsatzsteuer bezieht sich nach dem UStG auf steuerbare Umsätze und stellt eine Verkehrssteuer dar. Der Unternehmer stellt die Umsatzsteuer dem Kunden in Rechnung und kann sie als Vorsteuer abziehen. Die Differenz der vom Kunden gezahlten Umsatzsteuer und der Vorsteuervorauszahlung ergibt die eigentliche Umsatzsteuerzahllast des Unternehmers.

Lösung 100 *Umsatzsteuer*

Steuerbare Leistungen fallen nach §1 UStG an, wenn ein Unternehmer eine Lieferung oder sonstige Leistungen gegen Entgelt im Rahmen seines Unternehmens im Inland ausführt. Weitere Leistungen wären Übertragen von Rechten, Vermittlungsleistungen oder Lizenzvergaben.

Steuersätze sind der Regelsteuersatz von 19 % und der ermäßigte Steuersatz nach §12 Abs.2 UStG von 7% für z.B. Lebensmittel, Bücher, Briefmarken Prothesen, Kunstgegenstände.

Lösung 101 *Steuerbefreiung*

Beispiele zu Steuerbefreiung nach §4 UStG:
- Umsätze, die unter das Grunderwerbssteuergesetz fallen
- Vermietung und Verpachtung von Grundstücken
- Umsätze der Blinden und Blindenwerkstätten
- Leistungen aus einem Versicherungsverhältnis heraus
- Umsätze aus heilberuflichen Tätigkeiten

Lösung 102   *Vorsteuer*

Nach § 15 UStG kann ein Unternehmer Vorsteuer als Leistungsempfänger geltend machen, wenn

- eine Unternehmereigenschaft des Leistungsempfängers besteht
- die Lieferung oder sonstige Leistung für sein Unternehmen ausgeführt wurde
- eine Rechnung nach UStG vorliegt
- die Steuer gesondert ausgewiesen ist
- kein Ausschluss von Vorsteuerabzug vorliegt

Lösung 103   *Besteuerung von Kleinunternehmern*

Nach § 19 UStG können Kleinunternehmer von Steuer befreit werden, wenn:

- der Bruttoumsatz nach vereinnahmten Entgelten im Vorjahr 17.500 Euro nicht übersteigt
- der Bruttoumsatz im laufenden Kalenderjahr nach vereinnahmten Entgelten voraussichtlich nicht über 50.000 € steigt

Lösung 104   *Grundsteuer*

Die Grundsteuer wird von den Städten und Gemeinden erhoben, in denen sich das Grundstück befindet.

Die Höhe der Grundsteuern richtet sich nach dem sogenannten Einheitswert des Grundbesitzes, der vom Finanzamt festgestellt wird. Als Bewertungsgrundsatz gilt dabei der Verkehrswert.

Lösung 105   *Grunderwerbsteuer*

Nach § 1 GrEStG gilt als Voraussetzung der Grunderwerbssteuerbarkeit, dass sich das Grundstück im Inland befindet, ein Erwerbsvorgang vorliegt und ein Rechtsträgerwechsel passiert.

Lösung 106   *Grunderwerbsteuer*

Nach § 3 GrEStG ist man steuerbefreit, wenn der Erwerbsvorgang die Bagatellgrenze von 2500 € nicht übersteigt. Ebenso liegt eine Steuerbefreiung bei Erbschaften, Schenkungen oder Erwerbsvorgänge zwischen Ehepaaren oder Personen die in gerader Verwandtschaftslinie zueinanderstehen, vor.

Fachwirte Recht & Steuern

Lösung 107   *Erbschaftssteuer*

Beispiele zur Steuerbefreiung bei Erbschaft nach §§ 5, 13 ErbStG:

- für nichtgeltend gemachte Pflichtansprüche
- gesetzliche Vorsorgebezüge Hinterbliebener (Ehegatten)
- für Hausrat einschließlich Wäsche und Kleidungsstücke, beim Erwerb durch Personen der Steuerklasse I
- für die Schenkung eines Einfamilienhauses unter Lebenden an den Ehegatten

Lösung 108   *Erbschaftssteuer*

Nach § 83 BewG kann der Grundbesitzwert durch folgende Verfahren festgestellt werden:

- Vergleichswertverfahren
- Ertragswertverfahren
- Sachwertverfahren

Lösung 109   *Erbschaftssteuer*

Nach §§ 15, 16 ErbStG werden Geschwister und Geschwisterkinder in Steuerklasse II zugeordnet und besitzen einen persönlichen Freibetrag von jeweils 20.000 €.

Lösung 110   *Abgabenordnung*

Steuerliche Nebenleistungen können nach der Abgabenordnung sein:

- Versäumniszuschläge
- Gebühren für verbindliche Auskünfte oder Vorabbestätigungen
- Zinsen bei z.B.: Steuerhinterziehung
- Zwangsgelder
- Kosten für besondere Inanspruchnahme von Zollbehörden oder Vollstreckungskosten
- Verspätungszuschläge

Lösung 111   *Abgabenordnung*

Nach § 155 AO ist der Steuerbescheid ein Verwaltungsakt. Weiterhin gehören nach § 196 AO die Anordnung einer Außenprüfung und eine Aussetzung der Vollziehung zu den Verwaltungsakten.

Lösung 112   *Abgabenordnung*

Eine Außenprüfung wird durchgeführt, um eine genauere Untersuchung der erklärten Besteuerungsgrundlagen zu erhalten. Nach § 200 AO hat grundsätzlich die Prüfung in den Geschäftsräumen der Steuerpflicht gen zu geschehen

Lösung 113   *Abgabenordnung*

Das Einspruchsverfahren soll dem Steuerpflichtigen als Rechtsschutz dienen und ermöglicht es die Entscheidungen der Finanzverwaltung ohne finanzgerichtliches Verfahren zu überprüfen. So können gegen fehlerhafte Steuerbescheide Einsprüche erhoben werden.

DISCLAIMER

Die Inhalte dieses Buches wurden mit größtmöglicher Sorgfalt erstellt. Der Autor übernimmt jedoch keinerlei Gewähr für die Vollständigkeit der bereitgestellten Informationen. Haftungsansprüche gegen den Autor, welche sich auf Schäden materieller oder ideeller Art beziehen, die durch die Nutzung oder Nichtnutzung der dargebotenen Informationen bzw. durch die Nutzung fehlerhafter und unvollständiger Informationen verursacht wurden, sind grundsätzlich ausgeschlossen, sofern nicht durch den Leser ein grob fahrlässiges Verschulden des Autors nachgewiesen werden kann.

Alle hier aufgeführten Namen, Warenzeichen sind Eigentum des jeweiligen Herstellers, des jeweiligen Unternehmens und dienen lediglich dem Inhalt des Textes als Beispiel. Sofern Teile oder einzelne Formulierungen dieses Textes der geltenden Rechtslage nicht, nicht mehr oder nicht vollständig entsprechen sollten, bleiben die übrigen Teile des Dokumentes in ihrem Inhalt und ihrer Gültigkeit davon unberührt.